怪異《かいい》から妖怪《ようかい》へ

From Kaii to Yokai

東アジア恠異学会【編】

大江篤
久禮旦雄
化野燐
榎村寛之
佐々木聡
久留島元
木場貴俊
村上紀夫
佐野誠子
南郷晃子
笹方政紀
陳宣聿
京極夏彦

文学通信

目次

第1部　怪異学総説

怪異とは何か、怪異学とはどういう学問なのか

第2部 妖怪列伝——どのように成立したか

※凡例

各章の原文は読みやすさのために表記を改めたり、濁点、句読点、ルビを追加、または筆者が現代語訳した場合があります。

はじめに――神と怪

皆さんは、何に関心をお持ちだろうか。「怪異」というタイトルから怖い話、幽霊が出てくる怪談が収められていることを期待されただろうか。「妖怪」というタイトルから推しのお化けたちの解説がまとめられていることを期待されただろうか。本書はそんな皆さんの期待に応えつつ、新たな専門知を披露し、探究心を得ることができる入門書として編んだものである。

「怪異」を研究する「東アジア恠異学会」とは

本書の執筆者たちが所属する東アジア恠異学会は、「怪異」にこだわり約四半世紀にわたって研究を蓄積した小さな会である。定例研究会を重ね、三年に一冊のペースで研究成果を上梓するとともに、エンターテインメントと積極的に関わってきた。

例えば、日本で唯一の怪談文芸誌『幽』(メディアファクトリー、のちにKADOKAWA、『怪と幽』)で十年間、連載を持っていた。「怪談考古学《アルケオロジー》」(第二号〈二〇〇五年〉~第一〇号〈二〇〇九年〉)は、

「鳴動ノ巻」「祟りノ巻」「骨ノ巻」「虫ノ巻」「イヌノ巻」「蛇ノ巻」などのテーマで、異なる時代、地域を掘り下げた。

次いで、現代の京都に平安京・京都の古層を探る「京都ダイバー」（第十一号〈二〇〇九年〉〜第十七号〈二〇一二年〉）、そして「霊《モノ》語りの系譜」（第十八号〈二〇一三年〉〜第二十二号〈二〇一五年〉）では、「化物屋敷」「中国の鬼」「女の幽霊」などを取り上げた。しかし、「妖怪」をキーワードにしたエンターテインメントとの関わりについては慎重であった。

怪異学は、記録された語を、分析することを重視

「妖怪」という語の史料上の初見は、『続日本紀《しょくにほんぎ》』宝亀《ほうき》八年（七七七）三月辛未《かのとひつじ》条の「宮中頻《しきり》に妖怪あるためなり」である。ここで記録された「妖怪」は漢語であるが、現在、私たちがイメージする「妖怪」とは異なるものと考えられる。また、国際日本文化研究センターの摂関期古記録データベースで「妖怪（恠）」で検索すると、藤原実資《ふじわらのさねすけ》の日記『小右記《しょうゆうき》』長元《ちょうげん》元年（一〇二八）七月二十五日条が一例ヒットするのみである。古代中世には妖怪はあまり使われることのない言葉だったのである。この記事では、後一条《ごいちじょう》天皇の詔《みことのり》に、「況《いわ》んや天下静かならず、妖怪、発《おこ》り臻《いた》る。去《さん》ぬる年、夭折《ようせつ》の聞こえ多く、今夏、旱疫《かんえき》の患《わずら》ひ有り」とあり、干《かん》ばつなどの災害や疫病などを

「妖怪」としている。河童や天狗といったお化け、妖怪ではない。

前近代の歴史資料や文学作品、絵画資料を研究対象としてきた怪異学では、記録された語を分析することを重視してきた。したがって、どのような事象が「怪異」「妖怪」「怪」「妖」と記されているのかを検討する。「鬼」「天狗」「河童」「幽霊」なども同様である。現代でも使用されている言葉が、前近代の史料で使用されている場合、同じ意味ではないことに留意しなければならない。

アカデミズムでは、柳田国男《やなぎたくにお》の定義を修正した小松和彦《こまつかずひこ》が「妖怪学」を提唱し学術用語として「妖怪」を使用する。一方で「妖怪」は現在広く通俗的に定着した語彙となり、エンターテインメント作品を通じて国内外に広まる。また、漢字文化圏などでは本来的な別の意味も認識されている。このように、「妖怪」という語は、揺れ幅が大きく、流動的であり、学術用語として使用することに慎重にならざるをえない。

東アジア恠異学会は、学問的ツールとして「怪異」を選んだ。

「怪異」研究のキーワードは「媒介者」

そして、この十年間、研究のキーワードとしてきたのは「媒介者」である。

怪異学では、「怪異」はある出来事を怪異と認定し、情報として発信する人々と情報の受容者との相互作用によって成立するという視点を重視してきた。この視点から考えると、媒介者は情報を発信する人々であり、情報そのものが媒介《メディア》ということになる。

東アジアの歴史を繙《ひもと》くと「怪異」は社会・文化の推移とともに多様化し、広がりを持つ。媒介・媒介者も多様である。中国の術数文化の担い手や陰陽師、僧侶などの宗教者、儒学者や国学者などの知識人など、「怪異」にまつわる卜占《ぼくせん》や呪術、祭祀《さいし》など、それらを含めた知識や技術を伝えてきた多彩な人々が媒介者である。さらに、古文書、古記録、説話集だけではなく、絵画資料、寺社縁起、瓦版、民間伝承、さらには芸能・演劇など、怪異を伝えるメディアも多様である。

中国古代の「怪異」は、災異思想にもとづく。前漢の武帝《ぶてい》に仕えた儒学者、董仲舒《とうちゅうじょ》の天人相関説《かんせつ》によると、天と人の行いが連動し、為政者である皇帝の失政を戒《いさ》めるために、天が「災害」「怪異」を起こす（『漢書《かんじょ》』）。「怪異」は「災害」と対になる語であった。この災異思想は、日本では天武朝に国家の理念として受容された。しかし、王の失政を戒める天の思想については、わが国では定着せず、神の「祟」とそれを認定する卜占のシステムが日本古代の怪異認識の形成に影響を与えた。やがて、平安時代初期には、死者の霊（怨霊、御霊）なども「祟」として認定されるようになり、さまざまなものが「怪異」「祟」の主体として語られるようになる。

「神」についても、民俗学では、祀り上げられたものが神、祀り棄てられたものが妖怪（宮田《みやた》登《のぼる》）や超越的な霊的存在で人間によって祭祀されるものが神、祭祀されないものが妖怪（小松和彦）と定義されている。しかし、怪異学では、「神」と「妖怪」を二項対立として定義づけるのではなく、中国古代の「天」が「神」に置換されたように「神」もまた時代や社会の変化のなかで「鬼」や「天狗」に置き換えられることに注目している。「怪異」の情報が拡散（増殖）していくなかで、新たな解釈が生まれ、本質を変容・変異していくなかで、近世にキャラクターとしてのいわゆる「妖怪」が生まれてくるのである。

なお、巻末にご寄稿いただいた京極夏彦《きょうごくなつひこ》先生の「チョコレートを食べること」では、東アジア恠異学会のめざすところを読み取り、近年の研究状況のなかで巧みな比喩を用いて位置づけてくださった。ご多忙のなか原稿をご執筆いただいた京極先生に心よりお礼申し上げたい。

本書では、第1部「怪異学総説」で「怪異」「神」「妖怪」について概説したうえで、第2部「妖怪列伝」で個別の妖怪について、怪異学の視点で「妖怪」の成り立ちについてまとめている。どのページから繙いていただいても構わない。個々の妖怪の分析を通して、怪異学の扉を開いていただければ幸いである。

二〇二四年十一月（令和六年〈甲辰〉）

東アジア恠異学会　代表・園田学園女子大学　学長　大江　篤

ようこそ、恠異の殿堂へ

東アジア恠異学会 のご案内

▼東アジア恠異学会とは？

東アジア恠異学会は西山克（京都教育大学名誉教授）が2001年（平成13）に創設した「怪異」をキーワードとして、各分野からの研究者が集い、学際的な研究を続けている学術団体です。学会ではこれまでに7冊の書籍を刊行しました（→84ページ参照）。

▼参加するには？

当会は学術団体ですが、参加資格・制限は特に設けておりません。ご興味のある方は直接研究会においでいただくか、事務局にお問い合わせください。

▼お問い合わせは公式HP（http://kaiigakkai.jp/）まで

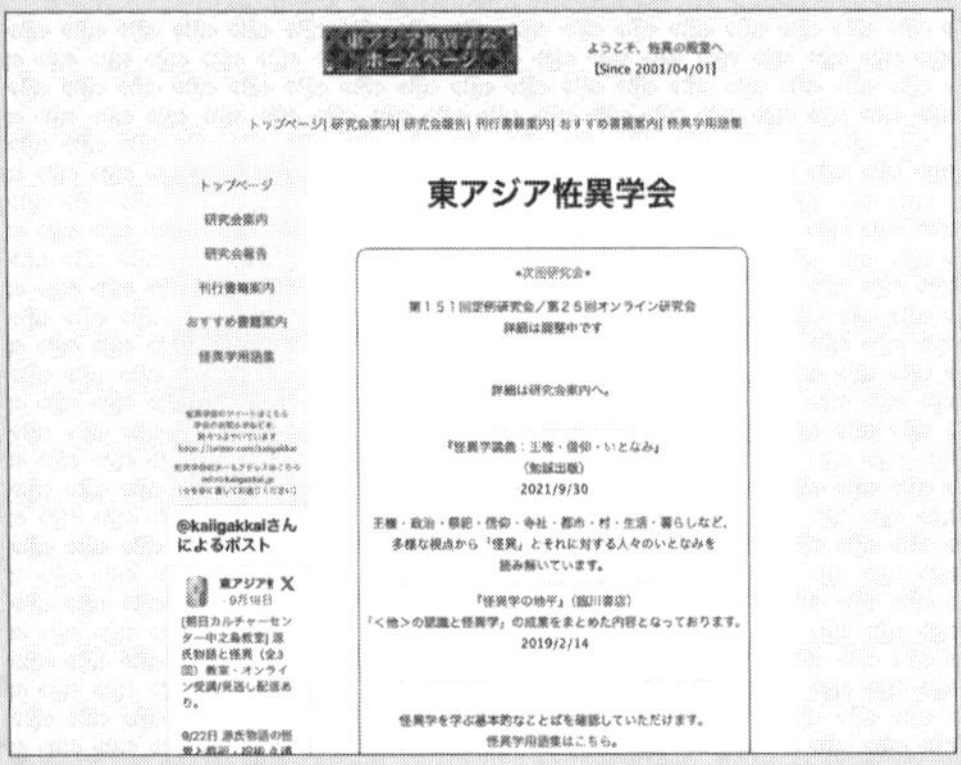

歴史学を中心に、文学や思想など多領域が交わる
学際《キワモノ》の視点から解き明かす「怪異」と「神」、「妖怪」の関係

第1部　怪異学総説

1 「怪異」と怪異学

大江　篤

1　東アジア恠異学会と「怪異」

東アジア恠異学会は、「怪異」を研究する学会として、二〇〇一年四月に西山克《にしやままさる》によって設立された。西山は、史料に多く記録されているにもかかわらず、研究をないがしろにしてきた歴史学に、新たな視点で挑む学問を「怪異学」と名付けた。妖怪・怪異・化物・幽霊などについては国文学や民俗学、文化人類学的な研究が先行していた。中でも、国際日本文化研究センターの小《こ》松和彦《まつかずひこ》を中心とする「妖怪学」の進展がめざましかった。しかし、前近代の歴史資料には「妖怪」という語はほとんど使われておらず、「怪異」が頻出することからこの語を選んだとする。

ところで、学会名に「恠異」を使用していることについて、西山は「特に内容的に違いがあるわけではないんです。ただ、事例を見ている限りだと、物のさとし、前兆といった匂いが少し強いような気がします」（京極《きょうごく》：二〇〇八）と述べている。学会設立当初は、「怪異」と「恠異」の違いに着目した時期があったが、現在は、史料のうえでは異体字であり、意味や読みに大きな違いはないと考えている。学会名の固有名詞に「恠」の字を用いることについて、りっしんべんは「心」を意味することから、「怪異」は人の心に在ると説明することもある。

さて、怪異学の研究目的は、

怪異は単なる現象ではなく、それに対する解釈を含みこんだ概念であった。私は、前近代人の解釈を解釈することによって、前近代人の社会的心性というフィルター越しに、彼らの国家や社会の特性を理解したいと考えているのである。

である（西山：二〇〇二）。「怪異」の記録の解読から、人の「心」を知り、国家や社会の特性を明らかにすることをめざしたのである。

そして、「東アジア恠異学会綱領」を定めて、研究をスタートさせた。

（1）東アジア文化圏における「怪異」のあり方の把握
（2）「怪異」という言葉の持つ歴史的有用性の発見と解読
（3）「怪異」現象として表れる表象文化の解読
（4）前近代王権論を読み解く方法論的ツールとしての「怪異」の位置づけ

二〇〇四年十二月八日に開催された東アジア恠異学会第一回大会「『怪異学の技法』始末」において、西山は、（1）「東アジア共同体の構想…に見合う形の研究体制の構築」をめざすこと、（2）学術のさまざまな領域のなかで「怪異」が一体どういう意味を持つのか、（3）歴史資料の中に記述される怪異を表象文化としてどう読み解けるのか、（4）最終的に前近代の王権を読み解くためのツールに鍛え上げられないか、と述べている。学会設立時の綱領は、その後変更することなく現在に至っている。「怪異」は歴史学研究の方法論的ツールである。

〈「怪異」とは何か〉は、もっとも重要なテーマである。東ア

❶『怪異学の技法』（臨川書店、2003年）

ジア恠異学会の初期の段階では、西山の提示した「怪異」の三類型を議論した。まず、第一類型は、「(古代・引用者注) 中世社会において――すでに――概念化されていた怪異」である。第一類型は、「怪異」を考えるうえでの基本であり、中国古代災異思想にもとづく「怪異」である。『漢書《かんじょ》』董《とう》仲舒《ちゅうじょ》伝に、

臣《しん》謹んで春秋の中を案じ、前世に已《すで》に行わるるの事を視て、以《もち》て天人相《あ》い与《あたう》るの際を観るに、甚だ畏《おそ》る可《べ》きなり。国家に将《まさ》に道を失うの敗れ有らんとすれば、天は乃《すなわ》ち先ず災害を出だして以て之を譴告《けんこく》す。自ら省みるを知らざれば、又怪異を出して以て之を警懼《けいく》す。尚《な》お変《か》うるを知らざれば、傷敗乃ち至る。此れを以て天心の人君を仁愛《じんあい》して其の乱を止めんと欲するを見るなり。大いに道を亡うの世に非《あら》ざる自《よ》りは、天は尽《ことごと》く扶持《ふじ》して之を安全ならしめんと欲すれば、事は彊勉《きょうべん》に在るのみ

とある。前漢の武帝《ぶてい》に仕えた儒学者、董仲舒の天人相関説《てんじんそうかんせつ》にもとづく考え方である。国家が今にも道を失う過ちを犯そうという時には、天はそこでまず「災害」を出すことで過ちを咎める。それを君主が省みないのであれば、次に「怪異」を出して驚かせ戒める。さらに、それでも君主が

態度を改めないのであれば、とうとう破滅がやって来る。天と人の行いが連動し、為政者である皇帝の失政を戒めるために、天が「災害」「怪異」を起こすのである。「怪異」は「災害」と対になる語であったことがわかる。

また、「災害」「怪異」を引き起こす天について、人格を持つ天と人格をもたない天の二つに整理できる。人格を持つ天は、「天帝」や「上帝」という最高神で、為政者の悪政に苦しめられる民の怨嗟《えんさ》が天に届いたとき、為政者に災異を示す。一方、陰陽説《いんようせつ》に由来する天は、陰陽の作用により、自動的に発動するのである。董仲舒が説く災異は、

人格神「天」による警告としての災異（天譴《てんけん》）と、天地の理である陰陽の自動的作用としての災異（感応）という、二つの側面を持つことになった。そして、この二つの災異が怪異の普遍的イメージとして引き継がれていくことになる。

とまとめることができる（佐々木：二〇一二）。中国社会において、社会的通念としての「怪異」が定着していくのである。

この中国古代の天人相関説にもとづく災異思想が天武《てんむ》朝に伝わり、「怪異」という語が日本の

史料にも記される。しかしながら、「天帝」「上帝」の存在や「天」の思想が定着することはなく、神々の示現や祭祀要求がこれに該当する。そして、日本での「怪異」認識は、神祇官《じんぎかん》や陰陽寮《おんようりょう》の卜占《ぼくせん》で行われ、「怪異」は政治的な危機管理の場面で使用されたのである（大江：二〇一八）。

このように史料に「怪異」と記される第一類型が、怪異学の主たる対象として研究を深化させてきた。一方、第二類型、第三類型については、当初から議論が多い。

第二類型　「怪異」と認定されることはないが、古代・中世人が「怪しい」と考えた事象。
第三類型　古代・中世社会でおこり、現代人が「怪しい」と考える事象。

東アジア恠異学会第一回大会において、西山は、第二類型と第三類型の区別が非常に難しいことを指摘する。記録の書き手が何かの出来事に遭遇した際、「稀《まれ》にみることだ」「怪しいことだ」「不思議なことだ」と記しているかどうかで区別される。そして、第三類型を設けたのは、〈いま〉〈ここ〉を生きている者の視点から、過去の記録（歴史資料）を読み解くのが歴史学であるからこそ必要だとされる。

東アジア恠異学会では、第一類型の国家が危機管理のために蓄積してきた知識の拡散、社会への浸透という視点から、「怪異」認識の劣化コピー（一般化、通俗化）という「怪異」の歴史的展開を明らかにしてきた（東アジア恠異学会：二〇〇九、大江：二〇二一）。「怪異」は、ある出来事を「怪異」と認定し、情報として発信する人々と、その情報の受容者との相互関係で成り立つものである。怪異学は、発信者と受容者のコミュニケーションの仕組みを追究してきた。その中で、「怪異」という語が意味する内容は日常語（通俗化）となり、広がりを持つようになる。このことを想定して設けられたのが、第二類型・第三類型だが、そこに含まれる現象を「怪異」または「妖怪」以外で言語化することが必要だとの認識を持っている。「不思議」「稀」「異」「怪しい」などを検討した（東アジア恠異学会：二〇一八）が、それぞれの語誌《ごし》の検討が必要であり、堂々巡りになっている。

さらに、京極夏彦（京極：二〇一八）が指摘するように、現代では「妖怪」に続いて「怪異」も通俗化し、「超常現象」「心霊現象」「怪奇」の代替えとして使用され、「この地方に砂かけばばあという怪異がある」というように「妖怪」の言い換えにもなっているのである。また、京極は、民俗学では操作概念として「妖怪」の上位概念として「怪異」を使用し、「ひとつの文化現象として捉え」、「怪異」の認定主体は「文化を共有する民俗共同体」であり、最終的に「怪異」を認定するのは研究者であるとする。

以上のように、現代語の「怪異」は多様な用法で使用される語となっており、怪異学の出発点の「怪異」（第一類型）とは大きく異なっている。京極は、

言葉は変化する。

だからこそ、その変化をも研究対象として臨むのでなければ、その研究にあまり意味は見出せまい。

東アジア恠異学会は、古代から近代までの変化を捉え得たのである。その蓄積を礎として、更にその先を見据えるのでなければ、怪異学の地平は啓けないのではないか。方法はいくつもあろう。


と述べている（京極：二〇一八）。古代中国の天人相関説にもとづく「怪異」が、七世紀に日本の史料に記録され、神霊の示現として、国家の危機管理の場面で官僚機構に所属する占い師によって認定されていた「怪異」の歴史的変遷を明らかにしてきた東アジア恠異学会の成果を評価いただいている。

❷『怪異学の地平』（臨川書店、2019 年）

2 平安時代の「怪異」

それでは、日本古代（平安時代）の「怪異」はどのように記録されているのであろうか（大江：二〇一七）。

藤原実資《ふじわらさねすけ》の日記『小右記《しょうゆうき》』の「怪異」は、神社や寺院で起きる不思議なことを指す場合と宮中等での動物の異常な行動である場合が多い。そして、内裏紫宸殿《ししんでん》の軒廊《こんろう》（吹き放しの廊）で行われる神祇官と陰陽寮による卜占「軒廊御卜《こんろうのみうら》」で認定されている。十世紀には、その認定のシステムが確立していたからであろう、貴族が不思議な出来事に遭遇した際、怪異ではないかと記したり、怪異に似ているという記載までみられる。また、大宰府《だざいふ》からは怪異についての文書が言上《ごんじょう》されており、単に不思議な出来事を都に言上するのではなく、怪異と認定したうえで言上し、中央で軒廊御卜が行われるのである。西岡芳文《にしおかよしふみ》の軒廊御卜の研究（西岡：二〇〇二）によると、『史料《しりょう》綜覧《そうらん》』の平安時代の箇所から三七〇件の軒廊御卜の占題《せんだい》を「A広範囲に及ぶ自然災害　B動物の異変　C植物の異変　D建物・器物の異変　E人事」に分類している。十世紀にはBが中心であったことが理解できる。

さかのぼって九世紀の史料（六国史《りっこくし》）にみえる「怪異」は、動物の異常行動や異常気象、仏像の採り物の落下が「怪異」と記録されているが、その認定のシステム等については明らかにすることはできない。一例ではあるが、「時の人以て怪異と為すなり」（『文徳実録《もんとくじつろく》』天安《てんあん》元年〈八五七〉八月己卯《つちのとう》条）。「怪異」は平安京において定着していたことがわかる。時代をさかのぼるほど、詳細な記録は少ないが、「怪異」の認定の仕組みが詳細に記録されている事例が二例ある。この事例を検討したい。

3　神津島の噴火と「怪異」

『続日本後紀《しょくにほんこうき》』承和《じょうわ》五年（八三八）七月庚辰《かのえたつ》条に、七大寺の僧三十人に紫宸殿《ししんでん》で三日間、仁王経《にんのうきょう》百巻を講説させた記事がある。その理由は、「怪異を以てなり」ということであった。「怪異」が何を示しているかは不明である。しかし、二ヶ月後に次のような記事がある。河内国《かわちのくに》はじめ十六の国で、三ヶ月にわたって灰のようなものが降って何日も止まなかった。しかし、「怪異に似たりといえども」、被害はなく、豊作で老農はこれを「米の花」と名付けたとある。民間では豊作の予兆と捉えられていたことがわかる（『続日本後紀』承和五年九月甲申《きのえさる》条）。この記事から、「怪異」は人や社会に損害を与えるものであると考えられていたことがわかる。この記事にある灰のようなものとは火山灰であろう。

伊豆国神津島《いずのくにこうづじま》の噴火の記事が、『続日本後紀』承和七年（八四〇）九月乙未《きのとひつじ》条にある。

伊豆国言《もうす》。賀茂郡造作島《ぞうさくのしま》あり。本名上津島。この島阿波神《あわのかみ》坐す。これ三島大社本后《ほんきさき》なり。又物忌奈乃命《ものいみなのみこと》坐す。即ち前社の御子神《みこがみ》なり。新たに神宮四院。石室二間。屋《おく》二間。闇室十三基を作る。……

賀茂郡上津島は現在の神津島のことであり、火山の噴火により、新たに島ができる様子をこの島に祀られている阿波神（三島大社の本后）と御子神の物忌奈乃命の新造院や擬人化された溶岩の形態をこと細かに記した伊豆国の言上である［❸］。その中で、承和五年の海底火山の噴火時の様子を、

去る承和五年七月五日夜出火す。上津島

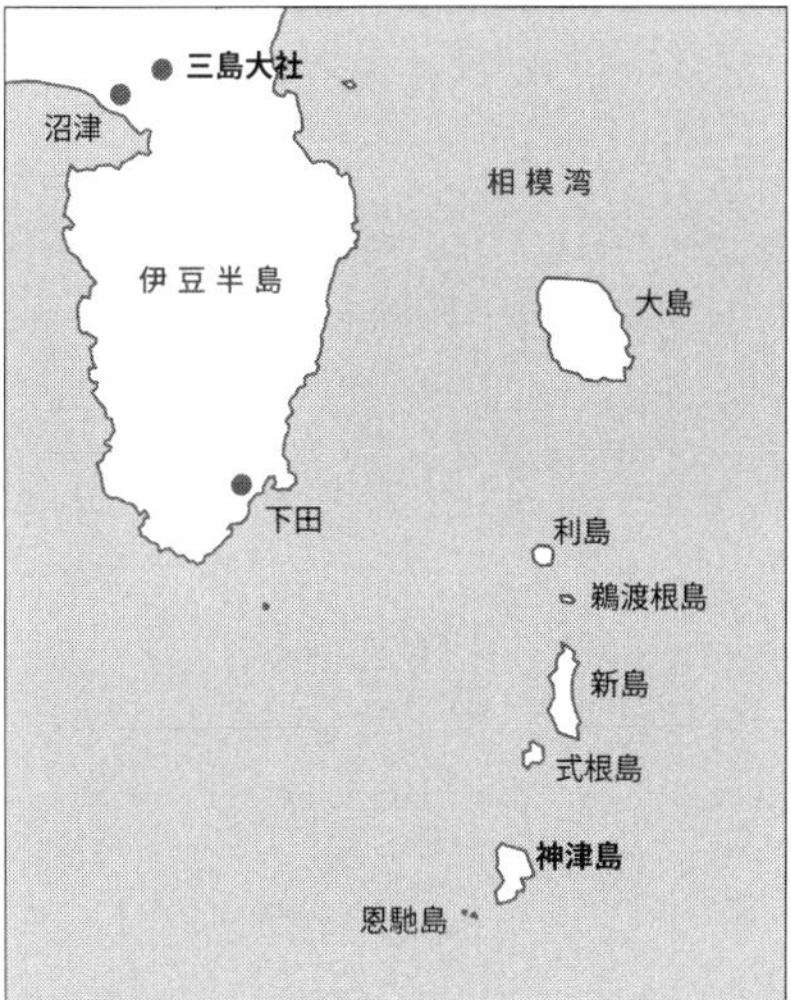

❸伊豆半島・三島大社から神津島

の左右海中焼く。炎野火の如し。十二童子炬《たいまつ》を相接取し、海に下し火を附く。諸《もろもろ》の童子潮を履くこと地の如し。地に入ること水の如し。震えて大石に上り。火を以て焼き摧《くだ》き。炎煬《えんよう》天に達す。その状、朦朧《もうろう》とし。所所焔飛ぶ。其間旬《しゅん》を経て、雨灰部《ぶ》に満る。……

とある。噴火の様子を十二人の童子が炬をもつ様子で表現されるとともに火山弾が飛翔する様子や火山灰が部内に満ちていくことが報告されている。先の史料にあるように火山灰は広範囲に広がったことがわかる。この火山の噴火に対して、次のように対処されている。

諸祝《はふり》刀祢《とね》等を召集し、その祟《たたり》を卜《うらな》い求めるに云わく、「阿波神は、三島大社の本后。五子を相生めり。しかるに後后に冠位を授け賜う。我れ本后いまだ其色に預からず。これによりて我殊に怪異を示す。将に冠位に預からんとす。若し祢宜祝等この祟を申さざれば。麁火《あらび》を出し、将に祢宜等を亡《ほろぼ》さんとす。国郡司《こくぐんじ》労《いと》はざれば。将に国郡司を亡さんとす。若し我が欲するところを成さば。天下国郡平安。産業豊登《みの》らしむ……」

諸々の祝《ほうり》（神官）や刀祢《とね》を招集し、その「祟《たたり》」を卜《うらな》ってみたところ、三島大社の本后である阿波神が五人の子を産んだが、後后が位階を賜ったにもかかわらず、叙階に預からず、それを求めて「怪異」を示した。阿波神は、祢宜、祝らがこの「祟」を上申しなければ、荒々しい火で祝らを亡ぼし、国郡司が尽力しなければ、国郡司を亡ぼし、願いが成就すれば、天下・国郡は平安で、産業は豊かになり、穀物は稔ることになるだということだった。その結果、无位《むい》阿波神、物忌奈乃命に従五位下の神位が授けられている。ここでは「伊豆国造島の霊験」とある（『続日本後紀』承和七年〈八四〇〉十月丙辰《ひのえたつ》条）。

伊豆国の神と噴火との関係はすでに、『日本後紀』天長《てんちょう》九年（八三二）五月癸丑《みずのとうし》条に、神宮や池が噴火でできたものとして記録されている。三日前の同年五月庚戌《かのえいぬ》には、旱魃《かんばつ》を卜い「伊豆国の神の祟」であると認定している。伊豆諸島の火山の噴火は、伊豆の神々の「祟」であるとされていた。これら一連の記事で注目すべきは、神の「祟」を「怪異」と記していることである。中国の天人相関説とは異なる日本的な「怪異」である。

神の「祟」とは、神が人に祭祀を要求するために出現することを指し、律令制下では、ある事象について、どこの神が「祟」をなしているか特定する方法として、神祇官の亀卜《きぼく》（ウミガメの甲を焼き、そのひび割れで占う卜占術）が使用された（大江：二〇〇七）。そして、八世紀後半の宝《ほう》亀《き》年間には、天皇の体の向こう半年間に「祟」る神がないかどうかを卜う御体《おおみまの》御卜《みうら》が確立する。

祟は、神祇官の卜部《うらべ》が使用する制度的な語であったとともに、予定調和に神祇官が管轄する神々の祟を年中行事の中で占断《せんだん》するまでの仕組みが確立していたのである（大江：二〇〇七・二〇二〇）。

このような「祟」の仕組みを考えると、ここで諸祝や刀祢を集めての卜は神祇官が行ったものであったことが理解できよう、さて、神祇官の卜部については、奈良時代の国家の基本法養老《ようろう》令《りょう》に「卜部二十人」（職員令《しきいんりょう》神祇官条）と規定されている。養老令の私撰注釈書『令集解《りょうのしゅうげ》』職員令神祇官条古記所引官員令別記に、「津嶋上県《かみあがた》・下県《しもあがた》（対馬）、伊岐（壱岐）、伊豆」と記されており、大宝令制下より卜部は伊豆・壱岐《いき》・対馬《つしま》の三国の出身者であった。

つまり、噴火があった神津島を含む伊豆諸島は、ウミガメの甲羅で亀卜を行う神祇官卜部の供給地の一つであったということになる。しかも、この時期に活躍した神祇官の卜部に伊豆国出身の卜部がいたのである（大江：二〇〇六・二〇一四・二〇二〇）。卜部宿祢平麻呂《うらべのすくねひらまろ》である（岡田：一九九六、原：二〇〇二）。『三代実録《さんだいじつろく》』の伝記によると、「平麻呂は、伊豆国の人なり。幼くして亀卜の道を習い、神祇官の卜部として。火を揚げ亀を作り、疑いを決義するに効多し」（元慶《がんぎょう》五年十二月五日己卯《つちのとう》条）とあり、幼いときから亀卜の技術を学んだ優秀な卜部であったことがわかる。しかも、承和五年に出発した遣唐使船で渡唐し、帰国後神祇官の官僚に就任している。彼の存在を考えると、承和五年の伊豆諸島での噴火の認定に神祇官にいた伊豆国の卜部が深く関わっていたと思われる。その占断の中で、この噴火が阿波神が位階を授かることを求めたものであり、それを「怪異」と表現しているのである。天人相関説にもとづく「怪異」を神の「祟」と同様に理解し、解釈したのである。遣唐使として唐で学んだ卜部平麻呂が関与した可能性も高いと考えられる。

4 新羅《しらぎ》の外寇《がいこう》と「怪異」

九世紀後半に都と地方の怪異がともに認定された事例がある(大江:二〇一七)。『三代実録』貞観《じょうがん》八年(八六六)四月十七日辛卯《かのとう》条に、

> 大宰府に下知して曰はく。すなわち。京師頻《しきり》に怪異視ゆ。陰陽寮言はく。隣国兵来りて窺《うかが》いあるべし。安んじて危を忘れず。宜しく警固に勤むべし。

とあり、都で頻繁に起きる怪異について、陰陽寮が隣国の兵の襲来を進言し、警固を大宰府[❹]に下知している。また、同年十一月十七日戊《つちのえうま》午条に、「勅《みことのり》して曰はく。すなわち怪異頻《しきり》に見ゆ。蓍亀《しき》を求むるに、新羅の賊兵常に間隙を窺う」とある。蓍亀とあることから、陰陽寮だけではな

く、神祇官も亀卜で卜ったことがわかる。「怪異」と新羅の軍勢の襲来が結びつけられ、境界の諸神に幣帛《へいはく》を分配するだけではなく、諸国に配置された兵士（健児《こんでい》）はじめ軍勢の整備まで指示されている。さらに、同年貞観十一年（八六九）十二月四日丁亥《ひのとい》条にも新羅の海賊の侵略に関わって、大宰府から次のような言上があったことが記されている。

大宰府言上す。徃者《おうしゃ》新羅海賊侵掠《しんりゃく》の日。統領《とうりょう》選士《せんし》等を差し遣わす。擬《なぞら》えて追討せしむ。人皆懦弱《だじゃく》。憚《はばか》りて肯《うべな》い行わず。ここにおいて俘囚《ふしゅう》を調発し。御膽略《たんりゃく》以てす。特に意気を張り、一以《いちい》千に当たる。今大鳥、その怪異を示す。亀筮《きぜい》告るところ兵寇《へいこう》を以てす。

大宰府では大鳥の出現が「怪異」と判断され、「亀筮《きぜい》」（亀卜と占筮）すなわち卜占で認定されていることがわかる。そして具体的に警備のために軍備が整えられている。この事例では、最前線の大宰府から怪異が言上されているのである。さらに、『三代実録』貞観十四年（八七二）三月廿三日癸巳《みずのとみ》条に、

今春以後。内外頻《しきり》に怪異見ゆ。この由《よし》。使者を諸神社に別に遣わし奉幣《ほうへい》す。便《びん》に近き社、道

❹大宰府政庁跡（写真：太宰府市）

場において。社毎に金剛般若経を転読す。

とあり、内外の「怪異」への対処として諸神社への奉幣と金剛般若経の転読が行われている。使が派遣された神社は、賀茂上下社・松尾社・梅宮社・平野社・石清水社・稲荷社である。

これらの事例は、「怪異」が外寇の予兆として解釈され、対処がなされているものである。その対応は、神仏への祈願だけではなく、兵士を派遣するものもあった。そして、その多くは都で頻発する「怪異」であった。しかし、貞観十一年の大宰府での大鳥の「怪異」は、大宰府から異常が言上されたのではなく、「怪異」と認定されたうえで上申されているのである。大宰府は、「怪異」を認定する手段を有していたということになる。

養老職員令大宰府条には、主神《しゅしん》（大宰府に置かれた祭祀官）や陰陽師が配置されており、神祇官や陰陽寮と同様の機能を有していたことがわかる。また、和気清麻呂《わけのきよまろ》が豊前国守《ぶぜんのくにのかみ》のときには、宇佐八幡宮の神託を糺すため、大宰府の官人とともの卜部が動員されている（『八幡宇佐託宣集《はちまんうさたくせんしゅう》』巻十、大尾社の部下の宝亀四年〈七七三〉正月二日解文）。具体的には、主神中臣宅成《なかとみのやかなり》のもとで対馬嶋の卜《うら》部酒人《べのさかひと》・直弟足《あたいのおとなり》・壱岐嶋の卜部道作《うらべのみちつくり》の三名が亀卜を行っている（『八幡宇佐託宣集』巻十、大尾社の部下の宝亀四年〈七七三〉正月十五日の書状）。大宰府には、対馬と壱岐の卜部があり、卜占を行っていた。先の大鳥の「怪異」の占断についても彼らが関与したものと思われる。

貞観年間には、鳥を追いかけ、新羅との国境まで赴き、捕えられた「対馬嶋下県郡人卜部乙《うらべのおと》屎麻呂《くそまろ》」のことが大宰府から言上されている（『三代実録』貞観十二年〈八七〇〉二月十二日甲午《きのえうま》条）

対馬の卜部は新羅と近い距離で活動をしていたことが理解できる。

以上のことから、大宰府での「怪異」認定には、主神の管轄下にあった対馬・壱岐の卜部が関わったことが明らかとなった。貞観年間の新羅からの外寇に際し、一定の役割を果したのである。このことがあったからか、十世紀においても宇佐宮での不思議なことについて、大宰府からは「怪異」として言上されているのである。

おわりに

以上、わずか二例であるが、古代の「怪異」認識において、神祇官卜部の卜占が重要な役割を果たしていたことが理解できよう。「怪異」と「祟」との関係は、神祇官によって形成されたといえるであろう。

いうまでもなく、ここで取り上げた「怪異」は、単に人が理解することのできない不思議な出来事やもののみを示してはいない。あくまでも国家システムによって認定され、政治的な予兆として記録に残されているのである。日本古代の国家が、中国から天人相関説、災異思想を受容し、国家の危機管理を行うために使用した制度的な語としての「祟」と同等に使用されたのが「怪異」であった。神霊が示す「怪異」が定着していく中で、動植物の異変等人智のおよばない出来事に人が遭遇したとき、官人たちは「これは怪異ではないか」といい、言葉が定着し、一般的な語となっていく様子をうかがうことができる。そして、社会的な表象となっていくのである。いわゆる「妖怪」の成立はその延長線上にある。

人が何かに出会ったとき、それを「怪異」と認識し、記録に残す。認定する人と記録する人は必ずしも同じ人物ではない。また、記された記録を読み、対処する人もいる。このように一つの事象に多くの人々が、それぞれの立場で関わっているのである。残された史料からこれらの人々の営みを読み解き、社会や文化を明らかにするのが怪異学である。残された記録は多い。言葉にこだわりながら、史料と向き合っていきたい。

参考文献

大江篤「亀卜と怪異―媒介者としての卜部」（東アジア恠異学会編『亀卜―歴史の地層に秘められたうらないの技をほりおこす』臨川書店、二〇〇六年）
大江篤「「祟」と神祇官の亀卜」（『日本古代の神と霊』臨川書店、二〇〇七年）
大江篤「〈媒介者〉としての卜部―国家の祈りにおける役割」（水口幹記編『古代東アジアの「祈り」―宗教・習俗・占術』森話社、二〇一四年）
大江篤「平安時代の「怪異」と卜占」（安田政彦編『〈生活と文化の歴史学８〉自然災害と疾病』竹林舎、二〇一七年）
大江篤「日本古代の「怪」と「怪異」―「怪異」認識の定着」（東アジア恠異学会編『怪異学の地平』臨川書店、二〇一八年）
大江篤「神祇官卜部と病」（小山聡子編『前近代日本の病気治療と呪術』思文閣出版、二〇二〇年）

大江篤「序論・怪異学の視点」（東アジア恠異学会編『怪異学講義—王権・信仰・いとなみ』勉誠出版、二〇二一年）
岡田荘司「吉田卜部氏の成立」（『平安時代の国家と祭祀』続群書類従完成会、一九九六年）
京極夏彦『対談集　妖怪大談義』（角川書店、二〇〇八年、初出二〇〇五年）
京極夏彦「地平の彼方と椽の下」（東アジア恠異学会編『怪異学の地平』臨川書店、二〇一八年）
佐々木聡「中国社会と怪異」（東アジア恠異学会編『怪異学入門』岩田書院、二〇一二年）
西岡芳文「六壬式占と軒廊御卜」（今谷明編『王権と神祇』思文閣出版、二〇〇二年）
西山克「怪異学研究序説」（『関西学院史学』二十九、二〇〇二年）
原秀三郎「伊豆卜部と卜部平麻呂」（『地域と王権の古代史学』塙書房、二〇〇二年）
東アジア恠異学会編『怪異学の可能性』（角川書店、二〇〇九年）
東アジア恠異学会編『怪異学の地平』（臨川書店、二〇一八年）

2 神——その形成と展開

久禮旦雄

1 神《かみ》と祟《たたり》

現在、神という言葉はあまりにも多くの情報を含んでおり、その意味を理解することは難しい。例えば、近世から近代にかけては、漢訳聖書の影響を受けて、キリスト教の唯一神のイメージさえ、その言葉に含まれることとなった（柳父：二〇〇一）。さらにさかのぼれば、古代において、中国の「神《シン》」という言葉が、日本語の「カミ」と結びついて用いられた（榎村：二〇〇八）。しかし、その受容が行われたのがいつかは、今のところはっきりしていない。飛鳥・奈良時代に中国（隋・唐）の律令制に由来する言葉として「神祇」が採用されたとする説（井上：一九八四）が有力であるが、近年では、それ以前の古墳時代に中国の古典である『礼記《らいき》』を典拠として、日本人は「神」という言葉を用いたという説（笹生：二〇一五）もある。

少なくとも、唐の律令制においては「天神《てんじん》」「地祇《ちぎ》」そして「人鬼《じんき》」という区別があり、それは先行する中国社会の祭祀の区別を取り入れたものであった。そして中国の「天神」「地祇」と日本の天神・国神は似ているようで同じものではない。また、「人鬼」＝死者の霊魂を祭るという習慣は、日本では、おそらく奈良時代以前にはさかのぼらない。それにもかかわらず中国的な祭祀の在り方を、飛鳥・奈良時代の日本は律令制の導入とともに取り入れたのである。

では、律令制以前から存在していた日本の「かみ」とは何か。

江戸時代後期の国学者である本居宣長《もとおりのりなが》は、その著作『古事記伝《こじきでん》』において「迦微《かみ》とは古御典《いにしえのみふみ》等《ども》に見えたる天地の諸《もろもろ》の神たちを始めて、其《そ》を祀れる社に坐す御霊《みたま》をも申し、又人はさらにも云はず、鳥獣木草のたぐひ海山など……尋常《よのつね》ならずすぐれたる徳《こと》のありて、可畏《かしこ》き物を迦微《かみ》とは云なり〔すぐれたるとは、尊きこと、善きこと、功《いさお》しきことなどの、優れたるのみを云《いふ》に非ず、悪きもの、奇《あや》しきものなども、よにすぐれて可畏《かしこ》きをば神と云なり〕」と述べている（本居：一九四〇）。

善悪の区別なく、尋常ならざる存在こそが「かみ」であるという理解は、キリスト教とも中国思想とも違う（オリエントでも中国大陸でも、そういう考え方は存在した可能性は高いが）、日本の神観念の理解として的確なものであろう。

では、そのような日本列島に存在した、さまざまな「尋常ならずすぐれたる」存在はすべて、「かみ」という呼称で呼ばれていたのであろうか。

例えば、七世紀に編纂された『古事記《こじき》』や『日本書紀《にほんしょき》』には多くの神々が登場し、すべて〇〇尊・〇〇命（『日本書紀』）もしくは〇〇神（『古事記』）と記されている。しかし、その神々の名を見ると、語尾に共通するチ（ノヅチ・カグツチ・イカヅチ）・ミ（ワタツミ・ヤマツミ・ヒコホホデミ）・ヒ（ムスヒ・マガツヒ・アメノホヒ）・ウシ（大人、ワヅラヒノウシ・タケミクマノウシ）・ムチ（オホナムチ・オホヒルメムチ）・ヌシ（主、オホクニヌシ・オホモノヌシ・コトシロヌシ）・タマ（玉・魂、オホクニタマ・ウカミタマ・フツノミタマ）といった言葉が含まれている。これこそが古い「尋常ならずすぐれたるもの」の呼称であったと推測される（溝口：一八七三・一九七四）。

『古事記』『日本書紀』はそれら多様な由来を持つ存在を、ひとしなみに尊・命・神といった呼称を付すことで、同じ世界の中にいる存在として位置づけたのであろう。総称としての「かみ」が採用され、「神」という文字があてられたのはそれ以前のことではないだろうか。

そのため、本書の「鬼」の章で詳しく論じられているように史料上で「神」と記される存在と、そうではない「尋常ならずすぐれたるもの」との違いは明確ではない（久禮：二〇一六）。

では、そのような「神《かみ》」と呼ばれた「尋常ならずすぐれたるもの」を人々はどのように認識したのだろうか。『日本書紀』崇神天皇《すじんてんのう》紀には、三輪山の神で大神神社《おおみわじんじゃ》に祭られる大物主神《おおものぬしのかみ》の妻となったヤマトトトモモソヒメが、夜にしか現れない夫に対して、姿を見せるように願ったところ、大物主命は小さな蛇の姿となり出現したが、驚いたヒメに怒って立ち去り、モモソヒメは死んでしまったという伝承が記されている。ここからは、神はもともと見るべきではない、不可視の存在であるという思想が読み取れる。

京都の上賀茂神社《かみがもじんじゃ》で現在、葵祭の三日前に行われる御阿礼祭《みあれまつり》は、神山《こうやま》（神体山）から神籬《ひもろぎ》（神が宿る依り代）である御阿礼所《みあれどころ》に移した神霊を、社殿に迎える祭祀であり、神職以外の参加が許されず、深夜に行われる（所：二〇一四）。御阿礼祭の神は社殿に常在せず、祭祀に先だって夜間に出現する（そのため見えない）ものなのである。おそらく六世紀ごろの、神社の社殿が成立する以前に、地元の豪族である賀茂県主《かものあがたぬし》が行っていた祭祀のかたちをとどめるものであろう。

つまり、神と呼称された「尋常ならずすぐれたるもの」は不可視で、常在しない存在であり、現れるのは祭りのときのみと認識されていた可能性が高い。

柳田国男は、「タタリにはもとより罰の心持ちはなく、ただ「現はれる」というまでの語だったかと思う」（柳田：一九五五）とし、また折口信夫は「たゝりはたつのありと複合した形で……神意現れて言ふとの意」とであったものが、「神がある事を要求する為に、人困らせの現象を示す風」へと転化したと述べている（折口：一九五六）。

大江篤は、これらの指摘を踏まえて、『古事記』・『日本書紀』および『風土記《ふどき》』における「祟」は「神が祭りを要求することであり、これが日本の神信仰の根幹にある」とし、さらに『続日本紀《しょくにほんぎ》』以降の、奈良時代・平安時代の歴史書にみえる「祟」は、律令制度のもとで、神祇官が亀甲羅を焼いてト《うらな》う亀卜《きぼく》の結果として用いられた言葉としている（大江：一九九四）。

そのような神による祭祀要求の事例としては、『古事記』が崇神天皇の時代の出来事とする、大物主神の祭祀の記事がある。この記事では疫病の流行に際して、大物主神が天皇に、神の子孫である意富多多泥古《おほたたねこ》により祭らせよと夢告し、それに従ったところ、疫病は収束したと語られている。

また『播磨国風土記《はりまのくにふどき》』揖保郡《いぼぐん》条には「佐比岡《さひおか》」の地名由来として、その近くの神尾山にいた出雲大神が、道を通る人の半ばを留めていたため、出雲国の人らが「佐比」（鉏《すき》）を作り祭ったが、その祭祀は受け入れられず、のちに河内国《かわちのくに》の茨田郡枚方里《まんだぐんひらかたのさと》の漢人（渡来人）が来て祭ったところ、神は鎮まったという伝承が記されている。

祭祀の要求は疫病の流行や交通の妨害として現れ、その要求を人が満たせない限り収まらない、という神と人との緊張関係がこれらの記事からは読み取れるのである。

2　社《やしろ》と祭《まつり》

先に述べたような、常在しない神の在り方から、常に神が宿る社殿が成立するに至るまでには、七世紀の仏教伝来や、八世紀以降の律令国家による神祇政策が影響を与えたと考えられている。しかし、そのかたちも必ずしも一様ではなかった。

奈良時代に編纂された『常陸国風土記《ひたちのくにふどき》』行方郡《なめかたぐん》条には、継体天皇《けいたいてんのう》の時代に、箭括氏麻多智《やはずのうじまたち》という豪族が谷の葦原《あしはら》を切り開いて田を開発しようとしたところ、角を持つ蛇の姿をした「夜刀《やと》の神」が現れたため、麻多智が伐をとり、山口（山のふもと）まで追いやった後に「標《しめ》の梲《つえ》」を立て「ここより上は神の地とし、下は人の田として、私が神の祝《はふり》（祭祀担当者）となり、永く祭ろう」と誓い、以後その子孫が祭祀を行っていると記す。これは神を祭る場所が、人間と自然の境界、開発の最前線に設けられていたことを示す記事である。麻多智やその子孫が祭っていた段階では、おそらく「標の梲」により場所のみが記憶されていて、永続的な祭祀施設は存在しなかったであろう。

また、奈良時代以前の和歌を集めた『万葉集《まんようしゅう》』にみえる「ちはやぶる神の社《やしろ》し無かりせ

ば　春日《かす》の野辺《のべ》に粟蒔《あわま》かましを」(巻三・四〇四)という歌について、折口信夫は、「粟畠《あわばたけ》にしてもよさそうな条件の空地が「やしろ」として占められてあった」ことを示すとしている(折口：一九八二)。実際、奈良時代の『出雲国風土記《いずものくにふどき》』や平安時代初期の『皇大神宮儀式帳《こうたいじんぐうぎしきちょう》』にみえる神社の記事には社殿についての言及がないことが多い。

　奈良時代になっても、多くの人々にとって、神社＝やしろとは普段は何も存在せず(目印になるようなものはあったかもしれないが)、祭祀のときに、神が訪れる不思議な空間と認識されていたと思われる。

　祭祀に際して、神にたてまつるものについては、養老《ようろう》年間の七一〇年代に編纂が行われ、天《てん》平宝字《ぴょうほうじ》元年(七五七)に施行された養老神祇令《ようろうじんぎりょう》では「幣帛《へいはく》・飲食・果実」と規定されている(これに先行する大宝《たいほう》元年〈七〇一〉施行の大宝神祇令もほぼ同文)。そして平安時代に編纂された法典である『延喜式《えんぎしき》』(延喜神祇式)においても、さまざまな布製品とともに、武具や紡織具《ぼうしょくぐ》、海産物・酒などが幣帛として規定されている(西宮：二〇〇四)。これらの組み合わせについては、近年の研究では五世紀の大和朝廷の祭祀に源流があり、七世紀の律令制成立期に整備されたと考えられている(笹生：二〇一五)。そして幣帛の本来の意味である布製品と、酒や海産物を神への捧げもののの中心とするかたちは、現在の神社祭祀の場においても継承されている。

一方で、四世紀以降、継続してヤマト王権による祭祀が行われていたとされる福岡県の沖ノ島《おきのしま》祭祀以降からは大陸由来の金属製品が出土しており、また稲作以前の祭祀のかたちをとどめるとされる長野県の諏訪大社《すわたいしゃ》で行われる御頭祭《おんとうさい》では鹿の頭（現在は剥製が用いられている）をはじめとした鳥獣が捧げられており、動物供儀の面影を今に伝えている（原田：二〇一四）。

神にたてまつるものもまた、神の個性、祭祀の場とともに多様であり、長い期間を経て、布帛《ふはく》を中心としたかたちに統一されていったと考えるべきであろう。

今日、我々が考える社殿を伴う祭祀空間に、布帛を中心とした供物を捧げられる「神」と呼ばれる存在は、ある段階（七世紀から八世紀の律令国家形成期）に政治的に統一がはかられ、そこから長い期間を経て現在のかたちに近づいて行ったと思われるが、それが日本全国で画一的になるのは、かなり後の時代、地域によっては近代以降のことと考えられる。

以上述べてきたような、多様な「神」と呼ばれたものの在り方は、中国・朝鮮半島からきた信仰もその中に吸収してしまう柔軟性も有しており、それは世界宗教である仏教についても同様であった。『日本書紀』欽明天皇紀《きんめいてんのう》は、朝鮮半島の百済《くだら》からの仏教伝来に際して、物部尾輿《もののべのおこし》らが「今改めて蕃神《あだしかみ》を拝めば、国神《くにつかみ》の怒りを招くであろう」とその受け入れに反対したと記している。以後、蘇我《そが》氏と物部氏の対立と絡んで、仏教の受容については対立が続くのだが、その間に発生し

❶『聖徳太子伝図絵』（『日本歴史図絵』、国立国会図書館デジタルコレクション）

た、物部氏が疫病の流行に際して、それを国神の怒りとし、難波堀江《なにわのほりえ》に仏像を棄てたという事件は、平安時代に、船岡山の御霊会で用いられた神輿を難波の海に流したという出来事（『日本紀略《にほんきりゃく》』正暦《しょうりゃく》五年〈九二四〉六月二十七日条）を彷彿とさせる。一方、蘇我馬子《そがのうまこ》は自らの病気に際して、「卜者《うらべ》」が「祟《たたり》なり。父親（蘇我稲目《いなめ》）の時に祭る所の仏神の心なり」と告げたことにより、天皇の許可を得て改めて仏像を礼拝している。災害をもたらす新しい神として仏を理解するという点では、対立する蘇我氏も物部氏もそれほど違いはない。古代においては「仏」もまた「神」（蕃神・仏神）であった（曽根：二〇〇七）［❶］。

　しかし、百済から仏教がもたらされたとき、欽明天皇が「西蕃《せいばん》の献《たてまつ》れる仏の相貌端厳《かおきらきら》し」と表したと『日本書紀』が記していたことは注目される。具体的な姿を持たず、その意志は「祟」や卜占によって示していた神に対して、仏は姿を持ち（仏像）、言葉を話す（経典）という特異な存在であった。その柔軟性ゆえに仏を取り込んだ神であったが、逆に仏の在り方は神の性格にも一定の影響を及ぼしていくことになる。

3　卜占と祥瑞

七世紀の日本列島は、大陸からの知識をもとに、大規模な造営が広く行われており、しばしば古くからの、自然に宿る神々との対決を引き起こしていた。

いわゆる「大化改新」の際に皇位にあった孝徳天皇《こうとくてんのう》は、『日本書紀』に「神道を軽んじたまふ」と記され、その具体例として生国魂社《いくくにたましゃ》の樹を伐採したことが挙げられている。これはおそらく難波長柄豊﨑宮《なにわながらとよさきのみや》の造営に際して行われたものであろう。

平安時代初期に記された『古語拾遺《こごしゅうい》』には、その孝徳天皇朝の白雉《はくち》四年（六五三）に斎部作賀《いんべのさか》斯《し》が「祠官頭《しかんのかみ》」（神祇官《じんぎかん》の前身の長官）に任ぜられたとし、その職掌の一つとして「卜筮《ぼくぜい》」を挙げ、「夏冬二季御卜《みうら》の式は始めて此時《このとき》に起こる」と記されている。この「夏冬二季御卜」とは、のちに神祇官が六月と十二月に天皇の身体について、どの地方の神が祟をなすかを亀卜で卜《うらな》い、その結果を天皇に奏上した「御体御卜《おほみまのみうら》」にほかならない。これは成立しつつある律令官僚制のもとで、最先端の技術である亀卜により判断された神々の「祟」を、特定の時期にのみ対応するものとして位置づけようとしたものであろう。

その後、六七二年（『日本書紀』は天武天皇《てんむてんのう》元年とする）に起こった壬申《じんしん》の乱に際しては、大海人《おおあまの》皇子《おうじ》（のちの天武天皇）が伊勢国《いせのくに》の迹太川《とほ》（現在の四日市市のあたり）で天照大神《あまてらすおおかみ》を拝したとされ、また大和国《やまとのくに》での大海人皇子支持勢力のもとで、高市社《たけちのやしろ》の事代主神《ことしろぬしのかみ》・身狭社《むさのやしろ》の生霊神《いくたまのかみ》・村屋《むらや》の神が託宣を下し、戦いを勝利に導いたと『日本書紀』は語る。

そして天武天皇の晩年の朱鳥《しゅちょう》元年（六八六）六月には、天皇の病が宮中に置かれていた草薙剣《くさなぎのつるぎ》の祟であることが亀卜により明らかになり、熱田社《あつたのやしろ》（熱田神宮）への返送が指示されている。これは六月に行われていることからも、御体御卜によるものであろう。

以後、『日本書紀』と、それに続く正史（国が編纂した歴史書）である『続日本紀』からは「祟」の文字も、託宣の記事もほぼ現れなくなる。神々の祭祀要求は、祭祀を担当する神祇官も含めた、法典と文書行政による律令官僚制の整備とともに、いったん姿を消す。

天武天皇の孫である文武天皇《もんむてんのう》が即位してまもなく、大宝《たいほう》元年（七〇一）に大宝律令が制定され、さらにその翌年には、諸国の国造《くにのみやつこ》（地方豪族を由来とする祭祀担当者）に「大幣」が分配されたことが『続日本紀』に記されている。これはその後、律令国家の祭祀の中で重視され、長く行われる祈年祭《きねんさい》の実施記事とされている。

祈年祭は、伊勢神宮に対しては使者を派遣するとともに、全国の神社（この神社のリストはのちに『延喜式』神名式に発展する）の祭祀担当者（祝部《はふりべ》）に対して幣帛を分配し、五穀豊穣《ほうじょう》を祈る祭りである。果たして奈良時代の段階で、『延喜式』にみえるような全国の神社リストが整備されていたのか、全国から祝部が期日までに平城京に集合することが可能であったのかについては疑問だが、少なくとも律令国家はリストにまとめた神々に対して一律の祭祀を行い、天皇と国家がその守護を受けるという理念を、祈年祭により示していた。ここでは個別の祭祀要求という発想は完全に失われている。

その七年後の和銅《わどう》元年（七〇八）には、武蔵国《むさしのくに》で銅が採掘されたことに対して、当時の元明天皇《げんめいてんのう》は「天地《あめつち》の神の顕《あらは》し奉る瑞宝《みずたから》」に依りて、「和銅」と改元することを宣言している（『続日本紀』）。中国では天が皇帝に授けるとされためでたいしるしである「祥瑞《しょうずい》」は、日本においては神々が天皇にたてまつるものとされた。これは中国の「天」の、日本の「神」への読み替えといえるが、同時に、そこでの「神」は、天皇による支配秩序を、「天地の神」というグループとして支える存在であり、祈年祭にみえる神々の在り方と共通する要素を持つと言えるだろう。

4　託宣と怨霊——語りだす神と霊

このような「神々の沈黙」が破られるのは、奈良時代後期の聖武天皇《しょうむてんのう》による大仏造立に際して、宇佐《うさ》八幡宮《はちまんぐう》の託宣が報告されてからであった。数度の遷都を経ての大仏造立という、反発も大きかった事業に際して、宇佐八幡宮は「我、天神地祇を率《いざな》ひて必ず（造立を）成し奉らむ」と宣言し、平城京に向かった。以後、『続日本紀』にはたびたび宇佐八幡の託宣の記事が見える。

聖武天皇の皇女である称徳天皇《しょうとくてんのう》朝の末期には、宇佐八幡は天皇の寵愛を受けていた道鏡《どうきょう》について「皇位を即けば、天下太平なり」との託宣を下したとされる。これは和気清麻呂《わけのきよまろ》が託宣を確認し、道鏡即位を否定したために失敗に終わったが、いずれにせよ、皇室内部に仏教が広がりを見せてくる中で、それを正当化する役割を、宇佐八幡宮の託宣は果たしたのである［❷］。

❷和気清麻呂（『絵入日本歴史』、国立国会図書館デジタルコレクション）

このような仏教の広がりと、神仏関係の変化の例は、ほかの神々にも見ることができる。

天平宝字四年（七六〇）に、僧延慶《えんぎょう》により著された『武智麻呂伝《むちまろでん》』には、霊亀《れいき》元年（七一五）に藤原武智麻呂の夢に人の姿をした気比神《けひのかみ》が現れ、「宿業により神となったが、仏教に帰依したいと思うので、寺院を建立してもらいたい」と求め、これにより神宮寺が建立されたと記す。また平安時代初期の僧である景戒《きょうかい》の著作とされる『日本霊異記《にほんりょういき》』には、近江国《おうみのくに》の陁我大神《たがおおかみ》の社の近くの堂で修業をしていた恵勝《えしょう》という僧侶のもとに白い猿が現れ「自らは東天竺の王であったが、修行僧の従者を制限した報いで彌猴《びこう》（猿）の身に生まれ、この神社の神となった。この身を脱するために経典を読んでもらいたい」と依頼する説話がある（下巻　第二十四）。

　ここでは神々は因果応報の論理により構築される仏教世界の中で、仏法に仕える存在とされている。つまり、梵天《ぼんてん》・帝釈天《たいしゃくてん》や阿修羅《あしゅら》をはじめとした八部衆《はちぶしゅう》のような、インド土着の神々が仏教に取り込まれた天部と同じカテゴリーの存在として、神々は再解釈されたのである（吉田：二〇一二）。これらの説話は僧侶により語られたと推測されるが、出家していた称徳天皇の大嘗《だいじょう》祭《さい》のときには、天皇により「経典をみれば、仏法を尊ぶ存在こそが神である」という詔《みことのり》が出されており、かなり広がりをもって受け入れられていた思想であると言えよう（『続日本紀』）。以後、日本の神々は、それぞれの個性（キャラクター）を、図像や説話を伴いつつ、具体化していくことになる。

一方、称徳天皇崩御後に即位した光仁天皇《こうにんてんのう》の時代には、伊勢神宮をはじめとした神社の「祟」が『続日本紀』をはじめとした史料に見えるようになる。大江篤《おお》はこれを神祇官の中心にいた大中臣氏《なかとみし》が、仏教勢力に対抗しつつ、さまざまな流言を統制するために亀卜による「祟」を主張するようになったとしている（大江：一九九四）。

奈良時代末期に、仏教勢力と結びついた宇佐八幡宮と、神祇官と関係した伊勢神宮という二つの有力神社が相次いで託宣を発し、「祟」を示したことで、律令国家の下での「神々の沈黙」は破られた。以後、「祟」も託宣も、その役割を拡大していく。

まず、平安時代初期の桓武天皇《かんむてんのう》の時代に入り、今まで神々のみがその原因とされた「祟」が死者の霊魂＝怨霊についても語られるようになる。

延暦《えんりゃく》四年（七八五）、桓武天皇の弟である早良親王《さわらしんのう》は、桓武天皇の側近であった藤原種継《ふじわらたねつぐ》の暗殺事件に関わり、皇太子の地位を廃され、まもなく死去した。その後、天皇の近親が相次いで没し、新皇太子の安殿親王《あてしんのう》（桓武天皇皇子、のちの平城天皇《へいぜいてんのう》）が病がちになる中で早良親王の「祟」が神祇官から報告された。そして「怨霊」という言葉が正史である『日本後紀』に登場するのである。

大江篤は、これら一連の事件について、当時「祟」を判断する神祇官を統括していた大中臣《おおなかとみの》諸魚《もろうお》による仏教信仰との関わりを指摘する。すなわち、諸魚が南都《なんと》（奈良）の僧侶と交流があり、その意向を踏まえて、桓武天皇の政策への批判として、早良親王の「祟」という今までにない亀卜の結果を示し、その後、霊魂の救済のための方法を行使し得る南都（特に法相宗）の僧侶により「怨霊」という言葉が用いられるようになったと論じた（大江：二〇〇〇）。

また桓武天皇朝の末年の延暦二十三年（八〇四）には、桓武天皇が病に伏す中で、大和国の石上神宮《いそのかみじんぐう》が所蔵していた「神宝《しんぽう》」（武器）を移動しようとしたところ、平城旧京の「女巫《じょふ》」が託宣を下し、神の怒りを告げたため、現地で祭祀を行い、神宝の移動を取りやめるという事件が起こった（『日本後紀』）。ヤマト王権以来の古社である石上神宮も、奈良時代以降に中央で力を持ち始めた新しい神である八幡神と同様に託宣を下すようになったのである（榎村：二〇〇八）。

さらに清和天皇《せいわてんのう》の時代には、貞観《じょうがん》元年（八五九）に宇佐八幡宮にて神の託宣を受けた行教《ぎょうきょう》が、石清水の地に神を移坐したとされ（『石清水八幡宮護国寺略記《ごこくじりゃっき》』など）、これは清和天皇と摂政である藤原良房《ふじわらのよしふさ》の政権を守護する意味があったと考えられる。

また、宇多天皇《うだてんのう》は自らの日記に、即位以前に賀茂の神が託宣して「他の神が一年に二度祭りをしてもらっているのに、自らは一度なのは寂しい。秋にも幣帛を奉ってもらいたい」と語ったために、秋にも幣帛をたてまつるようにした、と記している（『宇多天皇御記《ぎょき》』）。いわゆる賀茂臨時祭の由来であり、以後長く行われることとなった。

大和国の古い神も、平城京での大仏造立や平安京遷都に関わって力を持つようになった新しい神も、競って託宣を下し、祭祀を求める時代が訪れたのである。

さらに平安時代中期に現れた菅原道真《すがわらのみちざね》の怨霊は、のちに北野天満宮《きたのてんまんぐう》において神として祭られるという大きな飛躍を成し遂げる。

昌泰《しょうたい》四年（九〇一）に右大臣から大宰権帥《だざいのごんのそち》に左遷された菅原道真は、二年後、赴任先の九州で死去した。のちの『北野天神縁起絵巻』などでは、その死後すぐに道真は怨霊となったように語られているが、実際に道真の怨霊が史料上に確認できるのは、その死から二十年後の延喜二十三年（九二三）、醍醐天皇《だいごてんのう》の皇太子保明親王《やすあきらしんのう》の薨去に際してのことである。『日本紀略』は親王の死について「世を挙げて云ふ、菅帥《かんのそち》（菅原道真）の霊魂の宿忿《しゅくふん》の成す所也」と記しており、皇位継承者の病に際して、怨霊が語られるというパターンは早良親王と同じである。さらに延長《えんちょう》八年（九三〇）には清涼殿に落雷があり、まもなく醍醐天皇が崩御するが、その際の関係史料には怨霊について言及がない（笠井：一九七三）。

しかし、天慶《てんぎょう》五年（九四二）には西京に住む多治比奇子《たじひのあやこ》（文子）という女性に道真の霊魂の託宣があり（『北野天満自在天神宮創建山城国葛野上林郷《かどのかみばやしごう》縁起』）、また天慶九年（九四六）には近江国の比《ひ》良山《らさん》近くに住む神良種《みやのよしたね》のもとに同じく託宣があったことが、最鎮《さいちん》という僧侶に報告されている

（『最鎮記文』）、いずれも北野の地に祭祀施設を求めるもので、これらの動きが源流となり、北野天満宮の創建につながっていく（竹居：二〇〇八）。

このような、神も怨霊も「祟」を示し、託宣を下し、さらには怨霊、すなわち人の霊魂が神になるという事態の背景には、神も人（怨霊）も、ともに仏教的世界観の中に位置づけられ、その中で活動をする存在として認識されるようになるという、平安時代以降顕著になる思想的な変化があったと思われる（笠井：二〇〇一）。

例えば、長和《ちょうわ》四年（一〇一五）に、のちに摂政・関白を務めた藤原頼通《ふじわらのよりみち》が病となった際の出来事として、『栄華物語《えいがものがたり》』には、卜占の結果として「御物のけ」「神の気《け》」「人の呪詛」などが報告されたので「神の気とあらば、御修法などはあるべきにもあらず」としてまず、神に対しての祭祀や祓《はらえ》が行われ、効果がないので、物の怪（人の霊魂）に対する対処法として僧侶が不動明王をはじめとする五大明王に対して祈祷を行う五壇法《ごだんほう》が行われたと記している。神も人も、結果としての病をもたらすという意味では同様であるが、対処法が異なるという認識を、ここから読み取ることができる（谷口：一九九二）。

以上述べたような、神々のあり方の変質に対して、神祇祭祀の制度は大きく変質を迫られることとなる。

九世紀後半から、全国の神社に対して官僚と同じく位階の授与が活発に行われるようになる。いわゆる「正一位《しょういちい》稲荷大明神」の呼称などはこの結果生まれたものだが、これは時々の神社がその関与を主張した霊験や災害に対して行われたもので、本書の「怪異」の章で言及された三嶋大社への叙位もその一例といえる。また、十世紀になると、全国の寺社で起こったさまざまな現象に対して、それ以前から個別に行われていた神祇官の亀卜と陰陽寮《おんようりょう》の式占《しきせん》が同時に行われるようになる。これを「軒廊御卜《こんろうのみうら》」と称し、奉幣や読経などの対応が慣例的に行われていくようになる。榎村寛之は、その際に寺社での現象が「怪異」と称されていることに注目し、のちには神社が「怪異」が起こったと先回りして報告していくようになり、「怪異」という言葉が一般化していくことになったとしている（榎村：二〇〇九）。

国家の統制を離れ、語り始めた神々は、仏や怨霊とともに、さまざまな要求や、その理由としての物語を国家や人々に対して主張するようになった。それは古代以来の巨大な神社や寺院のみにとどまらず、小規模な社や堂、家に関わる存在についても同様である。のちに「妖怪」と総称される存在の淵源は、そこにあったのではないかと考えられるが、これについては、さらなる個別的・実証的検討が必要であろう。

参考文献

柳父章『ＧＯＤは神か上帝か』（岩波現代文庫、二〇〇一年、初出一九八六年）
榎村寛之『古代の都と神々』（吉川弘文館、二〇〇八年）
井上光貞『日本古代の王権と祭祀』（東京大学出版会、一九八四年）
笹生衛『神と死者の考古学　古代のまつりと信仰』（吉川弘文館、二〇一五年）
本居宣長（倉野憲司校訂）『古事記伝』（岩波文庫、一九四〇年）
溝口睦子「記紀神話解釈の一つのこころみ（上・中の一・中の二・下）」（『文学』四十一―十・十二・四十二―二・四、岩波書店、一九七三〜七四年）
久禮旦雄「日本古代の神と鬼」（祭祀史料研究会編『祭祀研究と日本文化』塙書房、二〇一六年）
所功『京都の三大祭』（角川ソフィア文庫、二〇一四年、初出一九九六年）
柳田国男「みさき神考」（『柳田國男全集15』ちくま文庫、一九九〇年、初出一九五五年）
折口信夫「「ほ」・「うら」から「ほがひ」へ」（『折口信夫全集第十六巻（民俗学篇第二）』中公文庫、一九五六年）
大江篤「「祟」と神祇官の亀卜」（同『日本古代の神と霊』臨川書店、二〇〇七年、初出一九九四年）
折口信夫「御柱の話」（安藤礼二編『折口信夫芸能論集』講談社文芸文庫、二〇一二年、初出一九八一年）
西宮秀紀『律令国家と神祇祭祀制度の研究』（塙書房、二〇〇四年）

原田信男『神と肉 日本の動物供犠』（平凡社新書、二〇一四年）
曽根正人『聖徳太子と飛鳥仏教』（吉川弘文館、二〇〇七年）
吉田一彦編『神仏融合の東アジア史』（名古屋大学出版会、二〇二一年）
大江篤「早良親王の「崇」と「怨霊」」（同前掲書、初出二〇〇〇年）
笠井昌昭『天神縁起の歴史』（雄山閣、一九七三年）
竹居明男編『北野天神縁起を読む』（吉川弘文館、二〇〇八年）
笠井昌昭「平安時代の思想」（石田一良編『体系日本史叢書22　思想史1』山川出版社、二〇〇一年）
谷口美樹「平安貴族の疾病認識と治療法―万寿二年の赤斑瘡流行を手懸りに」（『日本史研究』三六四、一九九二年）
榎村寛之「奈良・平安時代の人々とフジキなコト」（東アジア恠異学会編『怪異学の可能性』角川書店、二〇〇九年）

これまでとこれからの「怪異」と「妖怪」の関係

3 妖怪

化野 燐

1 いくつもの妖怪

東アジア恠異学会は「妖怪」を研究する集まりではない。お化け好きな人もたくさん参加しているが、過去に行われた研究会を調べたら、いかにもお化けっぽいテーマを正面からあつかったことはそんなにないのがわかるだろう。

……などといったら、「怪異」と「妖怪」は違うものなの？　と、みなさんは疑問に思うかもしれない。

ふたつはイコールなのでは？　と。

たしかに、西尾維新《にしおいしん》の〈物語《モノガタリ》〉シリーズ［❶］、城平京の虚構推理シリーズといった小説をはじめ、あいだいろの『地縛少年花子くん』［❷］、ぬじまの『怪異と乙女と神隠し』［❸］等のコミックス、およびそれらのメディアミックス作品といった娯楽《エンターテインメント》では、怪異と妖怪は同じ枠組み《フレーム》（これらの中では、学校の怪談や都市伝説、ネットロアで語られる存在だけでなく、個人が創作したり、国外から最近伝わったものも活躍している）に属するもののように描かれている。

また近年、朝里樹《あさざといつき》らが刊行した事典類［❹］などは、怪異という単語を用いて、現代的な現象、存在、物体をあらわしているし、怪異妖怪とふたつの単語をならべて、ひとつの言葉としてあつかっている書籍も沢山見かける（朝里：二〇一七、二〇二一など）。

これらは過去の研究者や佐異学会が積みあげた成果をふまえて使っているのではなく、怪異と書いておいたら、妖怪より幅広く怪しい事物をまとめた上位概念っぽく表現できるはずだとか、怪異っていうのは妖怪のカッコイイ言い換えだといった判断で使われているようだ。娯楽作品や一般向けの書籍でのことでもあるし、生き物のように変幻自在で、めまぐるしくうつろう言葉のあり方として間違いではないと思う。目くじらをたてて怒ってみたり、批判をしたりする気などまったくない。現在の状況にあわせて更新《アップデート》された姿かたちや名前、新しい物語を素直に楽しめばいいいと思う。お化けや怪談が心から好きな私はそうしている。

　しかし、第1章を読んだみなさんは、研究に用いる言葉（学術用語）の「怪異」は、これまでなんとなく使ってきた怪異という言葉とは違い、古代中国・前漢の思想家・董仲舒《とうちゅうじょ》の災異説にもとづいて、国家が危機管理のために認定、対応する出来事だと知っているはずだ。同じように学術用語としての「妖怪」も、日常的に使っている言葉の妖怪も、どちらもすこし前まで「怪異」とは意味が違っていた。

　まずは、そういうややこしいことから説明しておこう。

2　現象《コト》から存在《モノ》へ

　怪異という言葉を、まだ現在のようにあちこちで目にすることのなかった二〇〇三年のこと。京極夏彦は当学会が刊行した論集『怪異学の技法』の中で、「怪異」と「妖怪」の関係をとてもわかりやすく解説した。

　要約して紹介しよう。

　まず、この世界にある「不整合」な事物は、現象《コト》と存在《モノ》のふたつの側面を持つとする。

　夜道を歩いていたら、突然行く手を塞がれて交通を妨害される現象《コト》が起きたとしよう。かつて北九州ではこんな現象《コト》を「ヌリカベにあった」といった。

このような表現が、言葉を手がかりに過去の生活や信仰に関わるあれこれを集めようと考えた柳田国男たちによって、「民俗語彙」という専門語として採集されると、それは名詞っぽくなる。まるでなにか生物か人の名のように捉えられるようになり、この語は「ヌリカベ」という存在《モノ》＝「妖怪」の名前へと変化していく。

これを「コトのモノ化」という。

「ヌリカベ」が起こしたのと同様の現象《コト》を「衝立狸《ツイタテダヌキ》」と呼ばれる狸が起こしたとする徳島県の事例では、「衝立」という人の進路をはばむ物の背後に狸＝存在《モノ》がいることになる。

そのようにして成立した存在《モノ》たちは、物語、絵画、マンガ、アニメ、ゲーム等の中で、姿形をあたえられ、キャラクター化され、みながイメージする『妖怪図鑑』に載るような「妖怪」へと変化すると整理されている（京極：二〇〇三）。

京極に倣《なら》い、さらに例をあげてみよう。夜空をおかしな布きれがひらひら飛んでいるのを目撃したとしたら、それは現象《コト》であり、「怪異」である。奇妙な布に名がつき「イッタンモメン」と呼ばれたら、それは存在《モノ》となり、「妖怪」になる。どこかから瓦礫《がれき》や石、土砂を降らせる狐や狸、天狗なども、いつでもは起きないおかしな出来事を起こす者＝存在《モノ》である。

つまり、大づかみに言うなら、現象《コト》が「怪異」に相当し、存在《モノ》が「妖怪」ということになる。

東アジア恠異学会では「妖怪」と「怪異」とをおおよそこのように使い分けてきたし、本書の多くの論考もそんな考え方を意識して書かれている。

ありがたい出来事である祥瑞《しょうずい》や霊験《れいげん》、また祟《たた》りなどの現象《コト》を起こしたのは、神や仏だと考える場合がほとんどである。また現象《コト》を起こしたのは死者の霊だとする場合もある。つまり、神仏や怨霊、幽霊なども存在《モノ》の一種ということである。

では、現象《コト》はどのように存在《モノ》になったのだろうか。歴史的な経緯をざっと追ってみよう。

3　これまでの「妖怪」

古代・中世

日本の歴史記録に残る妖怪という単語の最初の使用例は、平安時代の初期にまとめられた国の正式な史書『続日本紀《しょくにほんぎ》』にあり、宝亀《ほうき》九年（七七六）のところに出てくる。これは前年に起きた宮中や京都の町に瓦礫や石、土塊《つちくれ》が降った現象をあらわしているとされており、日本で最も古い妖怪という言葉の使用例は、存在ではなく現象にあてられているように読める。前節でした話と矛盾するように思えるかも知れないが、中国から日本にこの単語が伝わってきた頃から近代まで、怪異と妖怪、ふたつの語の間に明確な使い分けはなかったようだ。

平安時代、「怪異」と判断され、国として対応がなされたのはどんな現象だったのか、ここで再確認しておこう。これらがまったくお化けっぽくないことばかりなのだ。

炎天、旱魃《かんばつ》、長雨、火山の噴火や地震などの自然災害。変な星や白い虹が出たり。動物が群れ、建物に侵入。神木が折れたとか。神殿や神体山、墓が鳴動して、奇妙な音を発したとか。怪光の出現は、すこしお化けっぽいかもしれないが（西岡：二〇〇二など）。

こんな身のまわりや動植物の行動にみられる異常、特別な建造物・土木構造物での震動・怪音などの現象を、中国から伝わった天人相関説《てんじんそうかんせつ》による災異論にもとづいて、不吉な前兆「凶兆」と国家が判断したのが「怪異」であるのを、すでに第1章を読んだみなさんは知っているはずだ。中国では天という名の神が、出来のよくない為政者に警告を与えたと考えられたのが、日本では在来の「神」の仕業に変わったことも。

この頃、不可視の存在「もの」が力をふるったり、人を病にする現象を「もののけ」と呼んでいた。この言葉は、後に「妖怪」と似た存在をしめすように変化する。

古代国家において、「怪異」の知識は神祇官や陰陽寮といった官僚機構が管理していたのだが、後にそれらは流出し、有力な寺社に関わる神職や僧侶、貴族など知識人でも扱えるようになっていく。

また、室町時代の貴族の日記には、妖物と表現される存在に関する記事が認められるのだが、人の気配や家鳴《やな》りなど曖昧なものが大半であって、個別の名や姿形があたえられた現在のようなものではない。怪鳥が出現しても名前がつけられるとは限らない。それらは、「妖怪」の前段階とでもいうべき存在なのだった（西山：二〇〇四）。

こうした経緯を追うと、もとは現象だった「怪異」を起こしていた存在が、時の経過とともに姿形などの輪郭を得て、すこしずつ私たちが知る「妖怪」に変容する様子がみえてくる。

近世

江戸時代、本書であつかわれるような存在は、化け物とかお化けと呼ばれることが多くなる。木場貴俊の『怪異をつくる』は、室町の後期から近世にかけて広まった辞書の『節用集《せつようしゅう》』では、化物や妖怪という語は畜類や気形《きぎょう》などの生類（生物）、つまり、存在に分類されていると指摘している（木場：二〇二〇）。また公の権力である幕府は、「怪異」の管理には関わらなくなる。そして、中世の頃は個別に意識されることのなかった「怪異」を構成する存在ひとつひとつに公権力とは関係なく名前があたえられるようになって、「妖怪」は爆発的に増加し、俳諧などによる人々のつながりが、それらを共有する場となったと香川雅信は論じた（香川：二〇二〇・二〇二四）。

前述した木場の著書は表題にこそ怪異とあるが、「妖怪」論にたくさんのページを割いていて、林羅山《はやしらざん》や古賀侗庵《こがとうあん》ら、当時の知識人の間で「妖怪」がいかにつくられて、共有され、描かれるようになっていったかを明らかにしている。村上紀夫が著した『怪異と妖怪のメディア史』は、江戸の妖怪知識がいかに流行って、広まったか、怪異情報が伝播・拡散していく様を、髪切りや一目連《いちもくれん》、石塔磨きや雀合戦などを題材とし、随筆や地理書、手紙、絵画など多様な媒体《メディア》の史料を読み解き、近代初頭までつぶさに追っている（村上：二〇二三）。

また、歴史資料、民俗学の資料にあたると、近世人たちは、なにかが突然行く手を塞いだり、石や土砂を降らせる現象を、人とは異なる存在による意思表示（警告や抗議、祭祀や供物の要求）と考えていたことがわかる。「怪異」や「妖怪」には直接関与を控えた幕府とは関係なく、人々は稲荷信仰に関わる祈祷師などを頼って、それらを起こした存在を神に祀って、社や祠《ほこら》をつくり、社祠が壊れていることが問題ならば修理もし、お供えをしたりした。そうした私的な祭祀により、慌て驚き、困惑した者たちの心を安心させて、社会的な緊張を緩和するための安全弁的仕掛け《システム》が当時は有効に機能していたのだ（化野：二〇一八）。

近代

幕末から明治にかけて、寺院や仏像、教典などを廃棄し、仏教を捨て去ろうとした廃仏毀釈《はいぶつきしゃく》や神社統廃合、祭祀に必要となる書状の私的な発行の禁止などにより、国が認めた神とそれ以外は区別され、各地の小さな神々や狐狸は自由に祀れなくなっていく。そして、何者かが瓦礫や石、土砂を降らせるといったおかしな事が起きたら、そうして零落した（落ちぶれた）神仏の祟《たた》りだと騒ぎになるなどし、この仕掛け《システム》の機能不全が各地で認められるようになる（化野：二〇一八）。

そんな混乱の中、井上円了《いのうええんりょう》は新しい時代になり海外から入ってきたものの考え方と、以前からこの国に伝わるそれとを比べて、西欧の文化や社会と歩調をそろえるのには邪魔になり、人々を古くさい過去の因習にしばりつける知識を迷信と呼び、否定・排除しようとした。狐狸や天狗、怪しい神仏を祀るような迷信をなくすことが日本をよくすると考え、それらを当時の科学知識で駆逐しようとしたのだ。

井上は迷信とほぼ同じ意味で、「妖怪」という単語を用いていた。その扱う範囲はとても広く、鬼や天狗、怪火などの存在だけでなく、天文学や気象学、地学的な天変地異、民間信仰や占い、夢や催眠術までふくみ、私たちが研究する「怪異」も入っていた。迷信に惑わされないようにと彼は自らの妖怪学を著書や精力的な講演を通して人々に訴え、妖怪という語を流行《はや》らせた。

しかし、明治新政府や井上によって上から無理矢理押しつけられた神々の再編成や迷信批判に納得できない人たちは科学的な態度ではないとわかってはいても、「怪異」に驚き、困惑・興奮し、「妖怪」に慌て、わかりやすい神や仏を身近に求めた。狐狸や奇怪な神霊の祟り・障りだとする祈祷師や霊能者、宗教家などに騙されて、財産をまきあげられるなどの被害にあう人はまだまだ多かったのだ。

井上のように、ただ迷信だと決めつけるだけでなく、歴史的な成立の経緯、非合理的な解釈を求める人々の心のあり方を理解した上で、神仏や「妖怪」と人間の関係を改めようとしたのが、柳田国男たちだった。

川や山にいるとされる人ではない存在、怪音や怪光を発する存在などを、「神仏」との関係で捉えなおすために、井上による手垢《てあか》がついてはいても、よく知られているおかげで、情報がより集めやすい妖怪という言葉をあえて選び、彼らは「妖怪」に関わる言葉を収集しようとした。

異常な現象、それを起こしたと想定される存在、存在や現象による影響を周囲におよぼす品、現象が起きた時間や場所、存在の正体＝解釈や対処、祭祀方法などの知識を、互いに関わりあいながら構成する言葉＝「妖怪名彙」を見だし語《インデックス》に用いて、収集・整理、研究を行おうとしていたのだ（化野：二〇一八）。

正統とされる神だけではなく、小さな神や狐狸の類まで見なおし、新時代にふさわしく信仰をつくりなおそうと目論んだ柳田は収集した資料を読みこんだ結果、「妖怪」とは零落した古い神だと考える(以後、零落説とする)ようになった。古い神＝狐狸や怪しい霊の祟りだと騙されて、人々が金品をまきあげられたりしないで安心できるよう、良くない風習は否定し、廃止する。井上と方法は違ったが、柳田の目的も迷信の否定による生活の改善にあった。

しかし、柳田の意図は後継者には伝わらず、やがて目的は見失われることになっていく。

井上の迷信批判とおなじく、柳田の信仰改良もあまり成果はあげられなかったようだ。井上が言葉をつくそうが、柳田が嘆こうが、異常な出来事は報告され続けた。何者の仕業かわからない瓦礫や石、土砂の降下など、狐狸や天狗が犯人とされる現象や幽霊の目撃が、人間による悪戯《いたずら》、精神的な疾患によるとする心理学的解釈も拡がったが、死者の障《さわ》りを忌避するような、むかしと変わらない非合理な発想は現在でも生き残っている。

現代

第二次世界大戦後の一九五六年、柳田が過去に書いた「妖怪」関連の文章の中で彼が重視したものをまとめた『妖怪談義』が刊行される（柳田：一九五六）。

しかし、彼の弟子の多くが戦争で生命を落とし、世の中の変化も速すぎたせいか、「妖怪」の研究はあまり進まなかった。迷信撲滅運動の補助、一般向けの怪談本などで、過去の研究成果が一部利用されたし、民俗調査によって集められる資料は蓄積され続けたが、研究はしばらくの間停滞してしまう。

その一方で、水木しげるをはじめとする怪奇マンガ家たちや児童文学者などの仕事によって、エロ・グロな毒気や猥雑さ、残酷さを薄め、うまく制御された妖怪が娯楽の素材として世の中に受けいれられ、いかがわしいが楽しい存在として消費されるようになっていった。

停滞を打ち破ったのは宮田登、小松和彦らによる一連の仕事だった。

ふたりは「妖怪」を、柳田と同じく神仏との関係で捉えようと考えた。宮田によると、神には祀りあげられたもの、祀り捨てられたものがあって、後者こそが「妖怪」や「魔」であるという（宮田：一九七五、一九八五）。

宮田の考え方をうけ、小松は柳田による神の零落説を批判して、すべての妖怪を神の零落したものと考えるのは、妖怪が神になったり、動植物が妖怪に変化するなどの可能性を無視する点に問題があるとした。

　また超自然的な存在には、《人》に正《プラス》をもたらす《神》と、負《マイナス》をもたらす《鬼》（「妖怪」と同義）があり、《神》と《鬼》の違いとは、祭祀の有無であるとする。同じ存在でも祀りあげられれば《神》になり、祀り捨てられれば《鬼》になるという。つまり「神」と「妖怪」の違いとは祭祀の有無であり、これらふたつの存在は互換的（入れ替えが可能）だと指摘した（小松：一九七九）。零落説を読みかえて、「神」と「妖怪」を定義し直した彼らの革新的な考え方は後に続く研究者に勇気をあたえ、広く受け入れられた。しかし、実際に史料から読み取れる「神」が、善悪の区別なく、尋常ならざる存在である事実（第2章）と、この定義の間には齟齬《そご》がある。物事を型《パターン》として把握し、理解する傾向のある文化人類学・民俗学と、史料ひとつひとつをじっくり読みこみ実際の経緯を大事にする歴史学の資料の扱いの違いに起因することだが、両者間で同じ言葉の意味する内容が微妙にずれるので、その点に気をつけないと混乱する可能性がある。

　また、現象としての「怪異」、それらに対する解釈や対処法などの決まりごとが先に存在し、そこから派生しキャラクター的「妖怪」が生まれたという歴史的過程を重視しない点も小松らの仕事の問題点だ。恠異学会が生まれてまだ間もない時期、早くも西山克《にしやままさる》が示唆して、後に研究が重ねられるように「妖怪」が近代になり用いられるようになった概念であることを意識しないで用いている点にも問題がある（京極：二〇〇七、西山：二〇〇四、廣田：二〇二二など）。

さらに、「妖怪」を「妖怪」たらしめ、「神」を「神」たらしめたのは柳田以降重視されてきた信仰、両者が人間に正《プラス》、負《マイナス》どちらをもたらすかだけではないはずだ。それぞれが過去に経てきた変遷に着目して、丁寧に読み解いていかなければならない。

すでに四半世紀以上前のことである事実に正直驚かされるのだが、京極夏彦が世に問うた小説『姑獲鳥《うぶめ》の夏』は言葉の力によって妖怪を蘇らせる画期的な作品だった。また京極が多田克己・村上健司らと行った妖怪談義をまとめた『妖怪馬鹿』（京極ほか：二〇〇一）は、かつては変人が隠れてこっそり嗜《たしな》むことだった妖怪愛好や蘊蓄《うんちく》語りを、変わった趣味として社会に認知させて、明るいところへ出すという離れ業を成しとげた。

香川雅信による『江戸の妖怪革命』は柳田以後の信仰との関係に力点が置かれていた研究を、遊戯や娯楽の視点から問い直し、近世の後期以降、「妖怪」たちは恐れられるだけではなくなり、愛玩される存在になっていったと論じ、好奇心に推進された「妖怪革命」があったことを明らかにした（香川：二〇〇五）。

これらは、閉ざされていた扉を開け放ち、新たな方向を指し示す出来事だった。京極や香川の仕事は、「妖怪」を弄《いじ》る楽しさ、そこから広がる可能性を世の中に示したといえる。

そして、現在。

妖怪のイメージは、小説、コミックスやアニメ、イラスト、実写映画やゲーム、造形作品等、さまざまなイベント、電子空間等を経て拡散し、人々の心の中に深く沁透しつつある。それらの情報はかつてより多様な媒体《メディア》で幾重にも重なり、複雑に絡みあい、常に更新され、高速の処理で千変万化している。そのせいもあり、ひとつひとつの「妖怪」の来歴を丁寧に読み解くことは、極めて困難になりつつある。つまり、さらにややこしく、より面白くなっているわけだ。

4　これからの「妖怪」

「異」という視点

すこしだけページを戻って、ある積み残しについて考えてみよう。

第1節ではつきつめなかったのだが、世界に生じる「不整合」とはなんなのだろう。私たちが驚き、緊張し、ある事物が「妖怪」や「怪異」かもしれないと気づく両者共通の契機《きっかけ》とは？

一般的に「妖怪」や「怪異」の本質とは、恐ろしさだということになっているみたいだ。

しかし、私たちが幽霊や妖怪とは恐ろしい存在であると考えてしまうのは、本当に正しいことなのだろうか？

そもそも、死んだはずの知人や先祖らしき人に出会っただけなら、驚きはしても、怖くはないのではないか。嫌われたり、怨まれている憶えがなければ、懐かしく、愛《いと》おしいかもしれない。血生臭く気味が悪く怖い話を、面白いからと最恐の怪談だとかといってつい喜ぶから、私たちは死者の霊は恐ろしいものだと、あたまから思いこむクセがついているのではないか。

狐に化かされ、馬糞の饅頭《まんじゅう》を食べさせられ、肥だめの風呂に入れられた体験談はおかしくても恐ろしくはない。砂や水をかけられたなど、狐や狸にからかわれた話には、怖いというほどでもないものがたくさん伝わっている。学校の怪談や都市伝説で語られている存在たちも、なんだか微笑ましいものが多い。恐怖を本質と考えたのでは、たくさんの事例がこぼれてしまう。

「怪異」もあまり怖くはない。すでにふれた例を思い出そう。自然災害はとても恐ろしいし、建物が鳴動するのは気味悪いだろうが、変な星（中国の天狗はこれ）が出たり、白い虹が出たり、建物に鳥や獣が侵入したとしても、恐ろしくはない。驚きはするかもしれないが。

なら、不思議さは？

説明や解釈が出来ないというのは、どうだろうか。

「妖怪」の正体は、禽獣虫魚や木石、死者の霊だなどと説明されることが多い。現代科学とは違う陰陽道などの理論にもとづくのだとしても、「怪異」は解釈出来ている。

変な星がたくさん飛ぶのは戦争や病などの前兆で、白い虹も戦争の前兆だと理解・判断される。「怪異」だと解釈されたら、どうするか。神様にお供えをして拝むなどの対処方法まで制度的に定められている場合があることも、ここまで読んできたみなさんは理解していることだろう。

つまり、不思議やわからないということ＝解釈不可能性も適切ではないのだ。だとしたら、私たちはなにを根拠に「不整合」を見いだせばいいのだろう？

手がかりを求めて、そもそものはじまりにより近い過去を振り返ってみよう。

中国文学者の小南一郎は、中国の史書が、「異なる現象（異常な現象）」を記録し、異が題名に入る作品がたくさん書かれた伝統について、かつてこうコメントした。

東周の時代（紀元前七七〇〜紀元前四五三）、魯《ろ》の国の歴史書『春秋《しゅんじゅう》』には、日食、大雨、流星雨などの天体・天候現象を中心にして、害虫の発生、不思議な動物の出現、大火災などのほかに、麒麟《きりん》の出現まで記されているという。災異説をまとめた董仲舒も参考にした『春秋』の注釈書『春秋公羊伝《しゅんじゅうくようでん》』には、これらが「異なる現象」だから記録されたとある。

異常な現象は政治的な意味合いで史書に記すに値することと判断されており、それは、この頃すでに天が「異なる現象」を通して支配者に意思を表していると考えられていたからだと小南は述べている（小南：二〇〇四）。

最近、佐異学会に属する研究者たちからも、小南のコメントと同じように「異」という漢字や「異常」という言葉があらわす「いつもとは違う」点に着目する考え方が出されている（佐々木：二〇一八など）。ここでは、そのような先行研究に学び、すこし新しい視点を提示させていただくことにする。

いつもと違う星や変な色の虹、見たこともない妙な動物（たとえば、ヒトの顔をしているウシ）を見たなどの「いつもとは違う」稀少な現象を体験した（と思った）とする。そんな時、先人は驚き、困惑し、時代や地域を越えて伝わるうちにいろいろと変化した知識に基づいて、「神」や「妖怪」等の存在が起こした現象だと解釈した。この理解だったら、大丈夫そうだ。

以下のように考えれば、すっきりするのではないだろうか。

極端に標準から外れ、滅多に起きない出来事や低い頻度でしか目撃されない存在は、参照するための過去に蓄積された知識が少なく、特殊であるために、解釈・理解は困難、場合によっては不可能であり、対応に困るものである。また誤った対応をしてしまったら、自分が属する集団、その構成員の恒常性を損なう事態（病や死といった不幸、祟りや呪い）を引き起こしかねないから、不安が生じ、怖ろしく感じられる。

繰り返しになるが、不思議や恐怖に先だって、私たちの心をざわつかせる契機とは「異常」さ

（＝変則性《アノマリティー》）だと考えられる。

これから

大陸から海を越えて来て、この国に定着・変容した存在――白澤《はくたく》、鳴釜《なりかま》、九尾狐がいる。中国から伝わった言葉が、在来の存在と混じって、拡散・変容した存在――鬼、天狗も。この国で成立し、拡散・多様化した存在――河童、一目連《いちもくれん》、オサカベ、件《くだん》も、もちろん。

さらには、海外から伝わってきた仏教の信仰が日本で変容し、作り出された水子霊は、台湾へ海を渡った（陳：二〇二三）。「異」なるイメージは現在も東アジア世界を環流しているのだ（何・魚：二〇二四）。政権中央から流出した知識は、拡大、変容、多様化して、私たちを眩惑するほどこの世界に溢《あふ》れている。「妖怪」や「怪異」ばかりを見ていても、ただただ惑わされるばかりだ。

だから――そろそろ私たちは「妖怪」や「怪異」から距離をとって、「異」という一歩ひいた大きな視点から、それらを見なおすべきではないだろうか。

「妖怪」や「怪異」についての書き物をいくつもしてしまうほど、それらはとても興味深いし、大好きなものなのだが……だからこそ、私はすこしだけ離れて、眼の前の森羅万象との関わりを冷静に把握しなおすべきだと考えている。

生物をはじめ、身のまわりのさまざまな事物、神や仏、神獣、妖精、精怪《せいかい》、物怪、妖物、神獣、狐狸、未確認動物《UMA》、奇人変人、天変地異、祥瑞、驚異、怪奇現象、邪神、都市伝説、学校の怪談、怪談実話、七不思議、幽霊、心霊、怪獣、怪人、ＵＦＯ、宇宙人、超能力者、異次元人、呪物、呪霊、幻妖、ツガイ、ロボット、アンドロイド、ＥＶＥ《地球外生命体》、ＡＩ、ＬＩＦＥ３・０などなど。

それらが実体験《リアル》か、作り話《フィクション》かの差異を上手く乗り越え、異常な＝変則的な現象や存在に関する情報全体のなかで、「妖怪」や「怪異」がどんな位置にあるかを理解することはできないか。

これから先の「異」なる事物の誕生、拡散と沁透《しんとう》・定着、さらなる変容過程を捉えるのには、そんな視点が必要になるはずだ。

怪異学は歴史学的視点と手堅い議論を大切にしてきている。近年になり語られるようになった新しい存在、むかしは起きなかった異常な現象についても、怪異学の技法を用いれば、これまでのように丁寧な手つきで論じることが出来るはずだ。

しかし、それぞれの社会的・文化的な背景をしっかりと押さえたうえで、比較をしなければ、底の浅い単なる遊びに終わるだろう。そんな失敗をしないよう、娯楽と研究を、虚構と現実を、無理なく同等に扱える基盤を整えなければならない。

いつもと異なる予想外の出来事は人々を混乱させ、時に災害（火山の噴火、大地震や津波、豪雨や洪水、蝗《イナゴ》など害虫の大発生や飢饉《ききん》、疫病の流行といった天変地異）や犯罪、戦争となり、人々に不幸をもたらす（串田：二〇二〇）。

見知らぬ、自分たちとは異なり、あたりまえとは思えぬ者との出会いは、いつでもしあわせな結果に終わるわけではない（木村：二〇一八）。

「異」なる事物についての歴史研究は、そうした過去・未来を私たちに教えてくれる。

年齢・生死、性別、所属（木石、禽獣虫魚、自分より立場が上か、下か）などの差異にもとづいて、異質な存在や現象がどう意識され、虚構がつくりだされ、対処・処理されてきたのか。

そんな歴史を知ることは、自分と「異」なる事物がどんなふうに関わっているのか、これからどのように向き合っていくべきなのか？　そうした難問についてみんなで考え、明日をよくする手がかりを与えてくれるだろう。

たのしみながらでいい。じっくりとこの本を読んでいただきたい。

学ぶべきこと、知るべきものは、決して尽《つ》きたりしないのだから。

参考文献

朝里樹『日本現代怪異事典』（私家版、二〇一七年）
朝里樹『日本怪異妖怪事典　北海道』（笠間書院、二〇二一年）
化野燐「「妖怪」を選ぶ」（東アジア恠異学会編『怪異学の地平』臨川書店、二〇一八年）
化野燐「石を降らせるのはなにものか？」（東アジア恠異学会編『怪異学講義―王権・信仰・いとなみ』勉誠出版、二〇二一年）
香川雅信『江戸の妖怪革命』（河出書房新社、二〇〇五年）
香川雅信「鬼魅の名は―近世前期における妖怪の名づけ」（『日本民俗学』三〇二、二〇二〇年）
香川雅信『妖怪を名づける―鬼魅の名は』（吉川弘文館、二〇二四年）
何敬堯・魚儂（出雲阿里・訳）『台湾の妖怪図鑑』（原書房、二〇二四年）
木場貴俊『怪異をつくる―日本近世怪異文化史』（文学通信、二〇二〇年）
木村大治『見知らぬものと出会う―ファーストコンタクトの相互行為論』（東京大学出版会、二〇一八年）
京極夏彦「モノ化するコト―怪異と妖怪を巡る妄想」（東アジア恠異学会編『怪異学の技法』臨川書店、二〇〇三年）
京極夏彦『妖怪の理 妖怪の檻』（角川書店、二〇〇七年）

京極夏彦・多田克己・村上健司『妖怪馬鹿』（新潮社、二〇〇一年）
串田久治『天変地異はどう語られてきたか―中国・日本・朝鮮・東南アジア』（東方書店、二〇二〇年）
小松和彦「妖怪―山姥をめぐって」（宮田登編『講座 日本の民俗宗教・三 神観念と民俗』弘文堂、一九七九年）
小南一郎「コメント：怪異を語る伝統」（『説話・伝承学』十二、二〇〇四年）
佐々木聡「異と常―漢魏六朝における祥瑞災異と博物学」（東アジア恠異学会編『怪異学の地平』臨川書店、二〇一八年）
陳宣聿『「水子供養」の日台比較研究』（晃洋書房、二〇二三年）
西岡芳文「六任式占と軒廊御卜」（今谷明編『王権と神祇』思文閣出版、二〇〇二年）
西山克「王権と怪異、そして妖物」（『説話・伝承学』十二、二〇〇四年）
廣田龍平『妖怪の誕生―超自然と怪奇的自然の存在論的歴史人類学』（青弓社、二〇二二年）
村上紀夫『怪異と妖怪のメディア史―情報社会としての近世』（創元社、二〇二三年）
宮田登「祀り上げ祭り捨ての構造」（『国文学』一九七五年一号）
宮田登『妖怪の民俗学―日本の見えない空間』（岩波書店、一九八五年）
柳田国男『妖怪談義』（修道社、一九五六年）

東アジア恠異学会刊行物 のご案内

怪異学の技法

刊行年：2003
出版社：臨川書店
ISBN9784653038467
A5 判・432 ページ
品切

怪異を媒介するもの
アジア遊学 187

刊行年：2015
出版社：勉誠社
ISBN9784585226536
A5 判・296 ページ

亀卜（きぼく）
歴史の地層に秘められたうらないの技をほりおこす

刊行年：2006
出版社：臨川書店
ISBN9784653039624
B6 判・270 ページ
品切

怪異学の地平

刊行年：2019
出版社：臨川書店
ISBN9784653044482
A5 判・356 ページ
品切

怪異学の可能性

刊行年：2009
出版社：KADOKAWA
ISBN9784048850100
四六判・400 ページ
品切

怪異学講義
王権・信仰・いとなみ

刊行年：2021
出版社：勉誠社
ISBN9784585320074
四六判・445 ページ

怪異学入門

刊行年：2012
出版社：岩田書院
ISBN9784872947342
A5 判・156 ページ
品切

※書籍の詳細については
各出版社にお問い合わせください

第2部　妖怪列伝――どのように成立したか

管理された怪異情報の拡散と変容、
そして独立したキャラクター「妖怪」の成り立ち

1 鬼──『出雲国風土記』と日本古代の「鬼」

榎村寛之

はじめに

「鬼《おに》」という概念は極めて多様である。

例えば「百鬼夜行《ひゃっきやぎょう》」は「角をはやして虎の皮の褌《ふんどし》をつけた青いのや赤いのがぞろぞろ歩く」というものではない。「おに」という言葉と「鬼」という漢字の関係についても多くの説がある。

本章では、古代文献の中での「鬼」字の受容、つまり古代の支配層が「鬼」という漢風の化け物用語を、どのように理解し、日本語として使ったのかを考えてみようと思う。(1)

話の起点は『古事記《こじき》』に「鬼」という漢字がないことである。

１　『古事記』と『日本書紀』の「鬼」と「鬼状のもの」

まず表をご覧いただきたい。『古事記』には「鬼」という漢字自体がそもそも出てこない。一方『日本書紀《にほんしょき》』では、編纂時に多くの手が入ったらしい神話および景行《けいこう》天皇紀（要するにヤマトタケルの記事）を除いて、「鬼」が怪物の意味で使われる事例は、七世紀後半にごく一部見られるのみである。しかも、神話の例でいえば、イザナギノミコトの黄泉《よみ》の国探訪神話で、ゾンビのようになったイザナミノミコトの死体にとりつく「雷」は『日本書紀』は「鬼」としているが、『古事記』は、「雷神」または「豫母都志許賣《よもつしこめ》」、つまりあの世の醜い女と呼んでいる。私たちのイメージする鬼とはずいぶん違うことがわかる。

それ以外は、景行・欽明《きんめい》天皇紀にある異民族への蔑視的な比喩で使われる例を除くと、『古事記』が終わる推古《すいこ》天皇の記事までは、「キ」という音をあらわす音標文字として使われるのみで、怪物的なものを「鬼」と呼ぶ例はない。『日本書紀』の怪物としての鬼は、奈良時代初期の編纂段階から見た近代（七世紀後半）と神話の中の所産で、極めて限定的な使われ方をしている。

そして留意すべきは、『日本書紀』には、鬼ではないが鬼に似た「なにか」の事例が見られることだ。それは斉明《さいめい》天皇元年（六六五）紀に見られる、笠をかぶった異相の飛行怪人である。

表　「鬼」漢字の定着

	日本書紀	本文	特徴	古事記対応	
1	巻第一　神代上（三貴神誕生第七の一書）	時道邊有大桃樹、故伊弉諾尊、隱其樹下、因採其實、以擲雷者、雷等皆退走矣、此用桃避**鬼**之縁也。	鬼は「桃は鬼を去らせる」として出てくるのみ。文中や他の一書でも雷や泉津醜女としてしか出てこない。	雷神および豫母都志許賣	神・ゾンビ
2	巻第二　神代下（本文）	吾、欲令撥平葦原中國之邪**鬼**。	ここでの鬼はまつろわぬ神と同じ意味	於此國道速振荒振國神等之多在。是使何神而、將言趣。	神・魔
3	同	二神、誅諸不順**鬼**神等	同	あえて言えばタケミナカタ	神
4	巻第七　景行～成務　景行四十年六月	東夷也、識性暴强、凌犯爲宗、村之無長、邑之勿首、各貪封堺、並相盜略。亦山有邪神、郊有姦**鬼**、遮衢塞俓、多令苦人	東夷の野蛮さを表現する中に姦鬼とあり、どちらかというとまつろわぬ者への露骨な差別意識として使われる	言向和平東方十二道之荒夫琉神・及摩都樓波奴人等。	異民族
5	同	卽巧言而調暴神、振武以攘姦**鬼**	同	同	同
6	巻十九　欽明　欽明五年十二月	於佐渡嶋北御名部之碕岸有肅愼人、乘一船舶而淹留、春夏捕魚充食。彼嶋之人言非人也、亦言**鬼**魅不敢近之。	粛慎人の対する差別的表現、佐渡の人が非人とか鬼魅とか言っている	記述なし	異民族
7	巻廿　敏達　敏達四年六月	弁進多々羅・須奈羅・和陀・發**鬼**四邑之調。	新羅の地名に「キ」音を当てただけ	記述なし	音

8	巻廿二　推古　推古八年二月	新羅王、惶之擧白旗、到于將軍之麾下而立。割多々羅・素奈羅・弗知**鬼**・委陀・南加羅・阿羅々六城以請服。	同	記述なし（古事記は推古で終わり）	音
9	巻廿五　孝徳　大化元年六月庚戌	而自今以後、君無二政、臣無貳朝。若貳此盟、天災地妖、**鬼**誅人伐。皎如日月也。	天皇と臣下の誓いの言葉の一説で、文飾的		文飾
10	同大化元年秋七月丁卯朔戊辰	可送遣**鬼**部率意斯妻子等	人名の「キ」音に利用		音
11	巻廿六　斉明六年九月・十月	**鬼**室福信	人名の「キ」音に利用		音
12	同七年五月	是時、斮除朝倉社木而作此宮之故、神忿壊殿、亦見宮中**鬼**火	神が怒り「鬼火」を出す		神
13	同八月	還至磐瀬宮。是夕於朝倉山上有**鬼**、着大笠臨視喪儀、衆皆嗟怪。	斉明天皇の葬儀を「鬼」が見ていた		雲？
14	巻廿七　天智元年正月丁巳	**鬼**室福信	人名の「キ」音に利用		音
15	巻第廿七　天智四年春二月	**鬼**室集斯	人名の「キ」音に利用		同
16	同八年是歳	**鬼**室集斯	人名の「キ」音に利用		同
17	同十年正月是月	**鬼**室集斯	人名の「キ」音に利用		同
18	同	**鬼**室集信	人名の「キ」音に利用		同

元年五月一日に、空中に龍に乗る者が現れた。その姿異国人に似て、油を塗った青い笠をかぶり、葛城山《かつらぎさん》から生駒山《いこまやま》へと飛んで隠れた。午の時（午後0時ごろ）になって、住吉（大阪）の浜の松林上空から西に向かって飛んで行った

ここで書かれる姿は、明らかに怪物だが「鬼」とは言ってない。しかし一方、同じ斉明天皇七年紀には「朝倉山の上に鬼がいた。大笠を着て斉明天皇の喪儀を覗き込んでいた」と、同様に笠をかぶったものが「鬼」と書かれている。つまり「鬼」の字を、怪物的な風貌をしたものに充てる意識は、『日本書紀』編纂段階にはあったことはあった（それは斉明紀の元資料の叙述段階までさかのぼるかもしれない）が、決して常に使われるわけではなかった。ほぼ同時期に文字化された『古事記』に「鬼」が見られないのはそのためである。つまり『古事記』の記録が天武朝《てんむ》に始まるという序文の記録を信じるなら、天武朝にはまだ「鬼」字は怪物の意味では使われておらず、『日本書紀』の執筆段階でも、常に異形の怪物に「鬼」字が当てられたわけではなく、その姿かたちや、怪力とか超能力があるなどの明確な定義がされていたわけでもない。

とすれば、怪物としての「鬼」の字は、七世紀後半の漢文修得の社会的な浸透の中でようやく

使われ始めたものだと考えられる。そして『古事記』に鬼の用例がないことから見て、もともと和語の中には「鬼」にあたる言葉はなかったと考えられる。

では、怪物的で人に危害を加えるものはいったい何者だったのだろうか。

2 『出雲国風土記』の「鬼」

古代において、もっとも古く、地域で「鬼」が語られたのは、天平《てんぴょう》五年（七三三）に完成した『出雲国風土記《いずものくにふどき》』の大原郡阿用郷（現・島根県雲南市大東町《だいとうちょう》の赤川の南の中部）の「鬼」である。

阿用郷《あよごう》。

郡家の東南の方一十三里八十歩にある。古老が伝えて言うには、昔、ある人がここに山田を「佃《つく》りて」守っていた。そのとき、「目一つの鬼」が来て、「佃る人の男」を食った。そのとき、男の父母が、竹原の中に隠れて居た時に、竹の葉動《あよ》げり（動いた、ということ）。そのとき、食われている男が「あよあよ」と言った。そのため、この土地は阿欲《あよ》という。神亀三年に、字を阿用と改めたここでは、鬼は一つ目なので、明確に異形とされる鬼の初例といっていい。ただし、鬼が「目が一つで人を食う」ものだと定義されているわけではない。「目一つ」が鬼の属性の一つだと言っているまでで、一眼だから鬼だと言っているのではないのだ。「一つ目の怪物」の出現と、それを「鬼」と呼ぶことは別のプロセスで成立したと見る方がいい。

では「鬼」意識はほかの地域資料ではどのように出てくるだろうか。比較できるのは養老《ようろう》五年（七二一）完成の『常陸国風土記《ひたちのくにふどき》』である。

『常陸国風土記』では、怪物的なものが「神」（行方郡《なめかた》　夜刀神《やとのかみ》）、「神」（香島郡《かしま》　荒振神《あらぶるかみ》、豊香島之宮《とよかしまのみや》の割注）、「大蛇」（香島郡角折浜《つのをれ》）、巨人（那賀郡大櫛《おおくし》）、「小蛇（雷神）」（那賀郡茨城里《うばらき》）、「魑魅（ちみ・すだま・おにと読める事例）」（久慈郡《くじ》河内里《かふち》）として表現される。中でも河内里の事例は、

昔、魑魅《おに》がいた。集まって鏡を弄び、覗き込んで、自らどこかに行ってしまった（俗に「素早い鬼も鏡に向かえば自然と滅ぶ」と言う

とある。『常陸国風土記』のほかの箇所では、こうした存在は「佐伯《さへき》」「国栖《くず》」「土雲《つちぐも》」など異民族的な表現で表され、王権に服従しない者を見下す表現と理解できる。そしてここでは、割注（前

掲の訳「(俗に……)」部分)の中に「疾鬼面鏡自滅(原文)」と、中国語源的な「化け物」の諺が引用される。(2) つまりそこに鬼の形のイメージがあるわけではない。その意味では、『常陸国風土記』より『出雲国風土記』の方が新しい表現形式ではないかと思われる。

ちなみに『播磨国《はりまのくに》風土記《ふどき》』の場合には、「妖しいもの」については、

「大きい飄《つむじ》(旋風)」(賀古《かこ》郡高宮《たかみや》村)　印南別嬢《いなみのわきいらつめ》と言う女性の死体を川中に引き込む＝後世なら
　死体を取る鬼(魍魎)のパターン……犯人記さず、川の神か？
「荒神」(賀古郡神前《かむざき》村)　行く人の舟を半ばとどめる、水神か？
「出雲御蔭大神」(揖保《いぼ》郡意此《おし》川)　枚方《ひらかた》里神尾《かみを》山に坐して行く人を遮り、半ば死に、半ばを生
　かす。荒々しい神。

とあり、やはり「鬼的な要素」のある怪物を「鬼」とは表現していない
また、『豊後国《ぶんごのくに》風土記《ふどき》』『肥前国《ひぜんのくに》風土記《ふどき》』にも土蜘蛛《つちぐも》は出るが、鬼的な要素はない。やはり暴れるのは神である。

3　『出雲国風土記』の「鬼」字の使われ方と「鬼」の本来の姿

さて、『出雲国風土記』だけが、なぜ「目一つの怪物」に、『日本書紀』と同様の「鬼」字を充てたのかはよくわからない。ただ、二点ほど注意すべきことがある。

一つは、『出雲国風土記』が、和銅《わどう》六年（七一三）に出された選進《せんしん》の詔《みことのり》（風土記を選進することを命じた天皇の命令）によって作られている可能性が高いのに、その完成が天平五年（七三三）だとしていることである。つまり『常陸国風土記』より二十年近く遅いので、少なくとも漢文で清書した世代は一世代下がることになろう。ならばその間に、地方における漢字のボキャブラリーがより増加し、柔軟になっていたと考えられることができる。

今一つは、『出雲国風土記』の用字の特殊性である。『出雲国風土記』はほかの風土記に比べて、地域の動植物などの種類の書き上げが豊富だという特徴がある。ほかの『風土記』が未完成、あるいは抄本だという可能性もあるのだが、編纂に掛けた時間の長さが反映されていると見るのが妥当だろう。そして、書き上げ方には独特の特徴がある。まず、その冒頭において「山野や浜・浦、鳥獣、魚貝・海菜などは、繁多になるので、全ては述べない。ではあるが、やむを得ない場合は、大体のことを書き上げて体裁を整える」と、概説的であることを断っている。

例えば大原郡の「禽獣《きんじゅう》」を見てみよう。

禽獣（鳥と獣）として「鷹、晨風《はやぶさ》、鳩、山雞《やまどり》、雉《きじ》、熊、狼、猪、鹿、兎、獼猴《さる》、飛鼯《むささび》」

とある。ここには、日本語ではない晨風《はやぶさ》、獼猴《さる》、飛鼯《むささび》などの、和名としては定着していない名前が見られ、唐の本草学書によった可能性が高い。反面リスやイタチ、ツバメ、カラスなど、当然生息していたはずの動物や鳥が記されていない。とすれば、例えば実用性の高い草木や禽獣のリストがあらかじめ作られており、その意味を知る人が〇×式のようにチェックして『風土記』に書き上げた可能性がある。すでに田村葉子が指摘している（田村：二〇一八）。田村は、風土記の動植物記事を「かなり定型的で省略的」だとして、何かのテンプレートの存在を示唆する。そして、採録基準は「国家機構の価値観に基づいた」ものだと指摘する。おおよそ納得できるものである。『風土記』に見られる多くの動植物の、日常的とは言えない漢字表記は、本来そこに載せられていたのではないか。

そして「鬼」も、地域の用語ではなく、「正体不明の怪物」には「鬼」という漢字を充てるという国家的な価値観が反映されているのではないかと思われるのである。

このように考えると、人を食った伝説の怪物に、早くから地域で「鬼」の名がつけられていたとも断定できない。では一つ目の怪物はもともと何者だったのだろうか。

ここで「一つ目の鬼」が出た阿用郷と、その伝承地とされる阿用神社の位置について考えてみよう［❶］。阿用郷は大原郡（現・雲南市大東町東阿用・西阿用・下阿用周辺）の郡家から十三里八十歩も離れた平地の奥の小盆地で、『風土記』に記載のある阿用社は東阿用の山麓に立地する。

❶阿用神社

一つ目の鬼については、鍛冶《かじ》の神の姿を現し、製鉄民とのあつれきの記録であるという認識が、柳田国男以来示されてきたが（柳田：一九三四）、近年の内田律雄の、この地域には製鉄の痕跡も大規模な後期古墳もないことから、先進的開発が行われていたとは言いにくく、むしろ開発説話であるとする指摘が重要である（内田律：一九九五）。同様の意見としては、内田賢徳（内田：二〇一〇）が、武藤元信の先行研究を再発見して（武藤：一九〇七）、この伝承は墾田の儀礼が、『山海《せんがい》経《きょう》』『抱朴子《ほうぼくし》』などの中国文献の影響の下に潤色されたものと指摘している。また、山村桃子も、八岐大蛇《やまたのおろち》神話と同様の「稲田の稔りをもたらすための神との契約」が根底にあると指摘している（山村：二〇二三）。

私は昨年夏に阿用神社を訪れたが、現地に立つと、盆地を一望することができ、棚田状の開発地と山麓の境界になっていることがよくわかる。また、この盆地の南端には巨大な磐座を持つ「塩釜神社」があるが、『風土記』には神座や磐座のようなものは取り上げられていない。阿用社はそうしたものがないのに重視されていたところだと考えられる。「佃」という漢字の使い方から考えても、単なる農耕ではなく、佃＝田をつくるは墾田開発とみるのが妥当であり、やはり開発地と自然地の境界と見るべきだと思う。

さて、「目一つの鬼」が境界に出る怪物だとすると、有名であり、私も論じたことがある『常陸国風土記』行方郡の「夜刀神」との関連性も想起できる（榎村：二〇〇八）。その伝承地の谷戸《やと》（現在も椎井池年言う『風土記』に見られる開発根源地がある）もやはり低地から開発が進行して行った小《こ》扇《おうぎ》状地で、類似性がうかがえる。そして夜刀神は、谷戸に住む角のある蛇神で、見る人は家門が滅び、子孫がなくなるという伝説がある。夜刀神の「子孫を絶やす」のが「祟」ならば、「男を食う」目一つの鬼も「祟」、開発者へ「祟る」ということと考えられよう。

つまり、境界神と開発のあつれきの神話が、常陸では「夜刀神」、出雲では「鬼」を主人公に表現されているのである。その意味で『常陸国風土記』の用字は『古事記』的、『出雲国風土記』のそれはより新しい『日本書紀』的と言えるようにも思う。

4　鬼の具象化――九世紀の事例と比べて

さて、「人喰い鬼」を含む鬼の話が多く見られるようになるのは、『出雲国風土記』より九十年ほど後に編纂された『日本霊異記《にほんりょういき》』である。

・上巻三話「雷の祝福で生まれた子が怪力だった話（電の憙を得て、生ましめし子の強力在りし縁）」
　元興寺《がんごうじ》の「悪しき奴」が鬼になり、人の命を取り、道場法師に退治される＝ゾンビ的な鬼

・中巻二十四話「閻魔様の使の鬼が、連れて行く人の賄賂を受けて許す話（閻魔王の使の鬼、召さるる人の賂を得て免す縁）」
　閻羅王《えんらおう》に仕える官吏の鬼が楢磐嶋《ならのいわしま》に食べ物をもらい、別人を連れていく

・中巻二十五話「閻魔様の使の鬼が、連れて行く人の食事接待を受けて、恩を返す話（閻魔王の使の鬼、召さるる人の饗を受けて、恩を報ずる縁）」
　閻羅王に仕える官吏の疫鬼《えきき》が讃岐国《さぬきのくに》の布敷臣衣女《ぬのしきのおみきぬめ》に食べ物をもらい、同名の別人を連れていくが発覚する。

・中巻三十三話「女の人が悪鬼に犯されて喰われた話（女人、悪鬼に黠《しめ》られて食らはるる縁）」
　大和国《やまとのくに》に人喰い鬼が出て、婿入り先の富家の娘が、「痛」と叫びながらと食われる（『出雲国風土記』と共通するのはこれだけ、ただし美男子に化けて婿入りしている）

　この鬼たちについての私見もすでに論じたことがあるが（榎村：二〇〇三）、注意していいのは、定った形が記されていないことである。
　さらに九世紀後半以降には、『伊勢物語』第六段のような「人喰い鬼」の話が記されるようになる。

（男が身分の高い女をさらって）夜もふけてきたので、鬼がいるところとも知らず、神雷が激しく鳴って、雨が激しく降ったので、荒れた蔵に、女を奥に押し入れて（中略）早く夜が明けてほしいと思いついたが、鬼が一口に食ってしまった。「あなや」と言ったけれど、雷が騒がしく聞こえることはなかった。

　ここでも、『出雲国風土記』や『日本霊異記』中巻三十三話に見られる、声を残して食われるパターンが見られ、八世紀から九世紀かけて貴庶を問わず定着していたことがうかがえる。
　一方、鬼の形と「大儺《たいな》（九世紀以降は追儺《ついな》と呼ばれる）」に悪鬼祓いの超人として作られる「方相《ほうそう》氏《し》」が習合して、鬼の姿と認識される例も出てくる。

　同年つごもりの夜、儺《な》の陣を見て
鬼すらも宮のうちとて蓑笠を脱ぎてや今宵人に見ゆらん
（『凡河内躬恒集《おおしこうちのみつねしゅう》』一八三）

　ここでは、儺の陣に「蓑笠」を脱いで姿を現す鬼が語られる。この鬼は祭文の中では「疫の鬼」と語られていて、『日本書紀』斉明紀に見られる「笠をかぶる鬼」が『日本霊異記』中巻二十五話の「疫鬼」と結びつき、ここで方相氏の形に具象化されるようである（榎村：一九八七、二〇一六）。

おわりに

　このように、「鬼」の性格に一定の方向性が見られるのは九世紀以降であり、七〜八世紀の「鬼」字で表される対象は、境界に現れる「荒ぶる神」とも混在した、いまだ不安定な存在だったと考えられる。
　仏教経典には「鬼」の字があり、鬼瓦や四天王がふまえるものを邪鬼ということもある。古代の「鬼」字の理解は多様で、鎌倉時代の『大江山絵詞《おおえやまえことば》』にもさまざまな姿の鬼が描かれる(3)、我々が知っている「鬼」のイメージは、複雑な過程を経て成立したものなのである。

※風土記は秋本吉郎校注「日本古典文学大系2」(岩波書店、一九五八年)を元に、島根県古代文化センター編『出雲国風土記―校訂・注釈編』(八木書店、二〇二三年)、および廣岡義隆校註『風土記註解シリーズ1 常陸國風土記註解』(和泉書院、二〇二四年)を用いた。

注

1　鬼という漢字自体は中国では特定の形とは対応せず、ゾンビ状の「生きた死体」(キョンシーのようなもの)や死霊など、日本とは違う意味であることはよく知られている。

2　この記述については、小島瓔禮校注『風土記』(角川文庫、一九七〇年)では、『抱朴子』や『太平御覧《たいへいぎょらん》』所収『拾遺録《しゅういろく》』などの影響を指摘している。

3　例えば中世に描かれた『大江山絵詞』『酒呑童子絵巻《しゅてんどうじえまき》』などの名で知られる絵巻に見られる鬼には多くの目があるものや牛馬の頭をしたものなどさまざまな姿で、酒呑童子にも三つ目の事例がある。また、一見定型的な鬼に見える『百鬼夜行絵巻』の赤鬼には角がなく、髪が逆立っているだけなど、我々が定型的に知る鬼という形がいまだまとまっていなかったことがわかる。

参考文献

内田賢徳「「目一つの鬼」という潤色―出雲国風土記述作の一面」(『風土記研究』三十四、二〇一〇年)

内田律雄「古代出雲の塩と鉄」(『出雲世界と古代の山陰―古代王権と交流』第七巻、名著出版、一九九五年)

榎村寛之「儺の祭についての基礎的考察」(『律令天皇制祭祀の研究』塙書房、一九九六年、初出一九八七年)

榎村寛之『古代の都と神々―怪異を吸い取る神社』(吉川弘文館、二〇〇八年)

榎村寛之「平安宮の鬼と宮廷祭祀」(東アジア恠異学会編『怪異学の技法』臨川書店、二〇〇三年)

榎村寛之「儺祭の祭文と『日本霊異記』の鬼」(祭祀史料研究会編『祭祀研究と日本文化』塙書房、二〇一六年)

田村葉子「『出雲国風土記』にみえる動植物記事の一試論―禽を中心に」(『島根史学会会報』五十六、二〇一八年)

武藤元信「風土記と山海経との類似」(『武藤元信論文集』同刊行会、一九二九年、初出一九〇七年)

柳田国男『一つ目小僧その他』(小山書店、一九三四年)ほか全集・文庫などにも採録。

山村桃子「『出雲国風土記』の神話の性格」(島根県古代文化センター編『出雲国風土記―校訂・注釈編』八木書店、二〇二三年)

2 白沢《はくたく》——俗化する神獣とその知識

佐々木聡

はじめに

鳥山石燕《とりやませきえん》の『今昔百鬼拾遺《こんじゃくひゃっきしゅうい》(百鬼夜行拾遺)』に「黄帝《こうてい》が東方に巡行したおり、白沢が一たび出現した。(白沢は)怪異を避け、災害を除くこと、(その効験《ききめ》が)及ばないところはなかった」[❶]とあるように、白沢は日本の近世社会において、紛れもない神獣であった。それなのになぜ「妖怪」の成り立ちをテーマとする本書の一節に白沢が置かれているのかと疑問に思う方もいるだろう。実は白沢もまた近世における「妖怪」の成り立ちに深く関わる存在であった。本章では、神獣白沢について掘り下げながら、その影響についても探っていきたい。

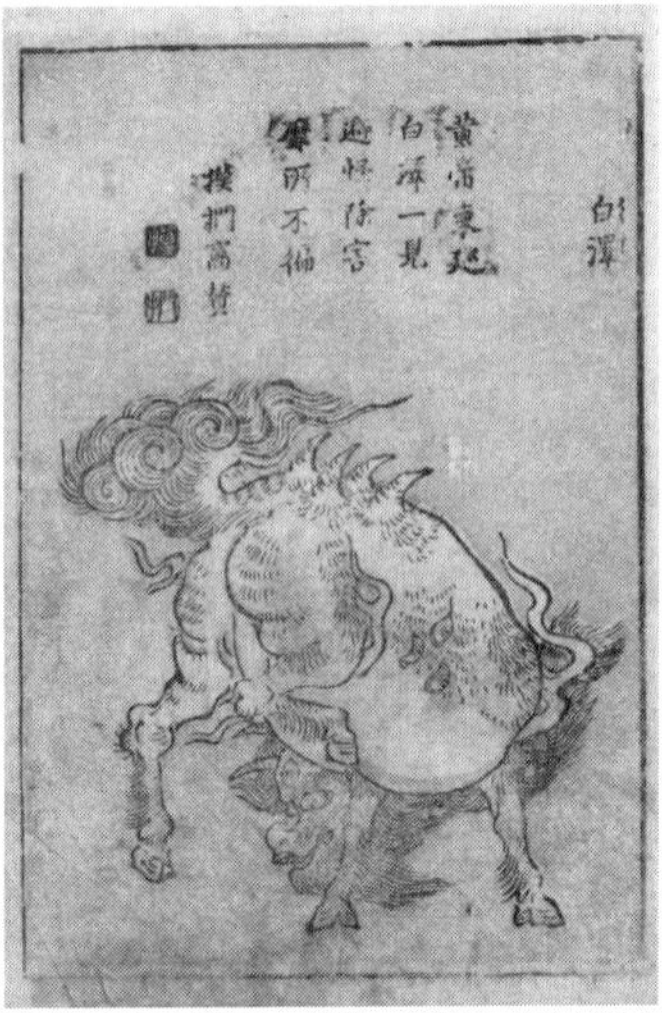

❶『今昔百鬼拾遺』巻下・白沢条（国立国会図書館デジタルコレクション）

１　祥瑞《しょうずい》から辟邪《まよけ》へ

そもそも白沢は、有徳の君主の元に現れる瑞獣《ずいじゅう》（祥瑞として現れる獣）であった。祥瑞とは天が降すおめでたいきざしである。祥瑞としての白沢の伝説は、六朝《りくちょう》時代（三世紀初め～六世紀末）にはすでに広く知られていたらしい。『瑞応図《ずいおうず》』（『開《かい》元占経《げんせんけい》』巻一一六）に次のように言う。

白沢　黄帝が東海に巡行したおり、白沢が現れた。（白沢は）言葉を話し、万物の精《もののけ》に通暁していたので、これにより民を戒め、人々のために災害を除いた。賢君の徳が深遠であれば、（白沢が）現れる。

白沢がモノノケに詳しいという説は、四世紀中ごろの葛洪《かっこう》『抱朴子《ほうぼくし》』内篇《ないへん》・極言《きょくげん》篇に見えるが、この段階では瑞獣とみなされてはいなかったかもしれない。ただ『瑞応図』とほぼ同じ記事が、五世紀末ごろに書かれた『宋書《そうじょ》』巻二十九・符瑞志《ふずいし》下に見えるので（『宋書』では「沢獣」と呼ばれる）、遅くともこの時期までには瑞獣となっていたはずである。

瑞獣を含むさまざまな祥瑞は、唐代に入ると国家の典礼制度の中に位置づけられてゆく。『唐《とう》六典《りくてん》』巻四では、白沢は瑞祥の最高ランクである「大瑞《たいずい》」に位置づけられ、ほかの瑞獣たちと並んで、儀仗旗《ぎじょうき》の図案等にも採用された。『新唐書《しんとうじょ》』巻二十三上・儀衛志《ぎえいし》上に見える「白沢旗《はくたくき》」がそれである。やがてこうした礼制の規範は漢籍を通じて日本にも伝わった。陰陽寮《おんようりょう》等で用いられた『天地瑞祥志《てんちずいしょうし》』巻十九は右の『瑞応図』白沢条を引くが、この書物は九世紀末までに日本に伝わった。一方、十世紀の初めに日本で編纂された『延喜式《えんぎしき》』巻二十一・治部《じぶ》省・祥瑞は、先の『唐六典』の瑞祥分類をそのまま継承している。

このように瑞獣としての白沢が中国・日本の礼制の中に定着していったが、他方、政治や礼制の文脈から離れた通俗信仰の世界では、白沢は、その姿を描けば、不祥《わざわい》を免れられると信じられた。これを「白沢図《はくたくのず》」もしくは「白沢の図」などと呼ぶ。例えば、北宋初めの釈道原《しゃくどうげん》『景徳伝灯録《けいとくでんとうろく》』巻十六に載せる、唐末の元安禅師《げんあんぜんじ》（八三四～八九八）の伝記中に「家に白獋《はくたく》の図があれば、このような妖怪はおこらない」とある。後に白沢は辟邪《まよけ》のアイコンとして人口に膾炙《かいしゃ》してゆくことになる。

❷敦煌「白沢図」（© The Trustees of the British Museum. All rights reserved.）

2　さまざまな白沢の姿

二十世紀の初め、イギリスの探検家オーレル・スタインが中国甘粛省敦煌《とんこう》の莫高窟《ばっこうくつ》で収集した唐・五代の資料群の中に一枚の奇妙な絵が混じっていた。それが❷である。やや人っぽい虎の頭に龍の体、神獣を表す炎をまとい、足は牛と同じ偶《ぐう》蹄《てい》、その目前には貨幣《かへい》が並べられ、傍らで文官らしき男が何かを書き取っている。この神獣は長らく「龍馬《りゅうば》」とされてきたが、最近、ドナルド・ハーパーにより、白沢であることが確定的となった（Harper：二〇二三）。筆者もこの説に賛成である。神獣の姿はもとより、傍らの男の様子が、白沢に出会った黄帝がその知識を図入りで書き写させたという伝説（『雲笈七籤《うんきゅうしちせん》』巻一〇〇「軒轅本紀《けんこんほんぎ》」）を彷彿させるからである。神獣の目前にある貨幣も魔除けの辟邪銭《へきじゃせん》にほかならない。ハーパーの論証によれば、この絵は現存する最古の白沢図（十世紀ごろ）ということになる。

もっともこの神獣が白沢だと言われても、あまりピンと来ない方が多いかもしれない。日本

❹『明会典』巻 58・冠服二・文武官冠服「白沢」（国立公文書館蔵、筆者撮影・調整）

❸仮名垣魯文『安政箇労痢流行記』所引「白沢図」（国立公文書館デジタルアーカイブ）

では、白沢と言えば、❸のような人面牛身九眼の姿が一般的である（冒頭の❶も人面牛身九眼の派生形の一つ）。しかし、それはあくまで日本の場合である。岡部美沙子が強調するように、本場中国では、白沢は龍面獣身（龍の頭で体は獣）か虎面龍身（虎の頭で体は龍❹）の姿が一般的であった（岡部：二〇一七・二〇一九）。実は、その姿が初めて文字情報として見えるのは、洪武《こうぶ》二年（一三六九）成立の『元史《げんし》』と、その翌年成立の『明集《みんしゅう》礼《れい》』なのだが、❷に見えるように、少なくとも虎面龍身は十世紀まではさかのぼりそうである。そのほか後世では、白沢は貘《ばく》とも混同されたし（元『古今韻会挙要《ここんいんかいきょよう》』巻二十八）、獅子とされることもあった（明『本草綱目《ほんぞうこうもく》』巻五十一上）。

　こうした白沢の姿に関する知識は、当然日本にも伝わったが、一部を除き浸透しなかった。その知識はもっぱら漢籍に記されており、一般人がおいそれと読めるものではなかったからである。こうした中、室町時代の終わりごろまでに、白沢の姿は人面牛身であると認識されるようになる。それは中国の一般的な白沢とは大きく異なる姿であった。もっとも、ハーパーは唐代にはすでに牛身の白沢が描かれていたと推定しており、かつ同時代の鎮墓獣《ちんぼじゅう》（人面獣身が多い）ともよく似ているため、人面牛身が完全に日本のオリジナルと言えるかはわからない（Harper：二〇一三）。しかしやがてこの姿に両脇と額の眼が加えられ、独自の人面牛身九眼形式が成立すると、それが日本では標準となってゆく。江戸時代に描かれた白沢の大半がこの人面牛身九眼であった。

　こうした姿の変容は、礼制の中に置かれたフォーマルな瑞獣白沢では起こりえなかったであろう。礼とは規範を守ることにほかならないからである。白沢は民間に流出し、礼制の束縛を外れることで、はじめて多様に解釈され、変化する余地が生まれた。それは日本のみならず、中国においても同様であった。白沢を貘や獅子と混同したり、ハーパーの言うような牛身であるとする解釈も、礼制の文脈を外れた通俗文化の中でこそ生まれてくる。❷の虎面龍身の白沢が、明代の典籍に見える❹と比べて規範を少なからず逸脱しているのも、民間で用いられたためだろう。言わば、通俗文化の土壌が多様な白沢の姿を育んだのである。

3　白沢図の流布

ところでハーパーは敦煌の白沢図を「エフェメラ」の一種だと言う（Haper：二〇二三）。エフェメラとは、長期に保存されない一過性のメディア、例えばチラシやポスターなどを指す。たしかに中国で用いられた白沢図は、実物がほとんど伝存していない。敦煌の白沢図も、台紙として再利用されたことで偶々廃棄を免れたに過ぎない。中国の白沢の姿は、実はほとんどが礼制《フォーマル》を記録した典籍の中にしか残っていないのである。

対して日本の場合は、まったく事情が異なり、通俗的な白沢図が豊富に伝わっている。中でも代表的なのは「白沢避怪図《はくたくひかいのず》」と呼ばれるもので、特に戸隠山《とがくしさん》で頒布された一枚刷り［❺］が有名である。正面を向いた白沢をやや上から見下ろすようなこの独特の構図は、額と両脇の眼や頭と背中の角など白沢の外形的特徴をわかりやすく表している。この「白沢避怪図」は、江戸時代に非常に多く流布した。戸隠山の元宿坊である宮本旅館や宮澤旅館には、現在も版木《はんぎ》が伝わっている（熊澤：二〇一五）。実は筆者も宮本旅館の版木と同じ構図の「白沢避怪図」を二枚持っており、以前、宮本旅館の版木と照合させていただいたが、どちらも一致しなかった。つまり宮本旅館本

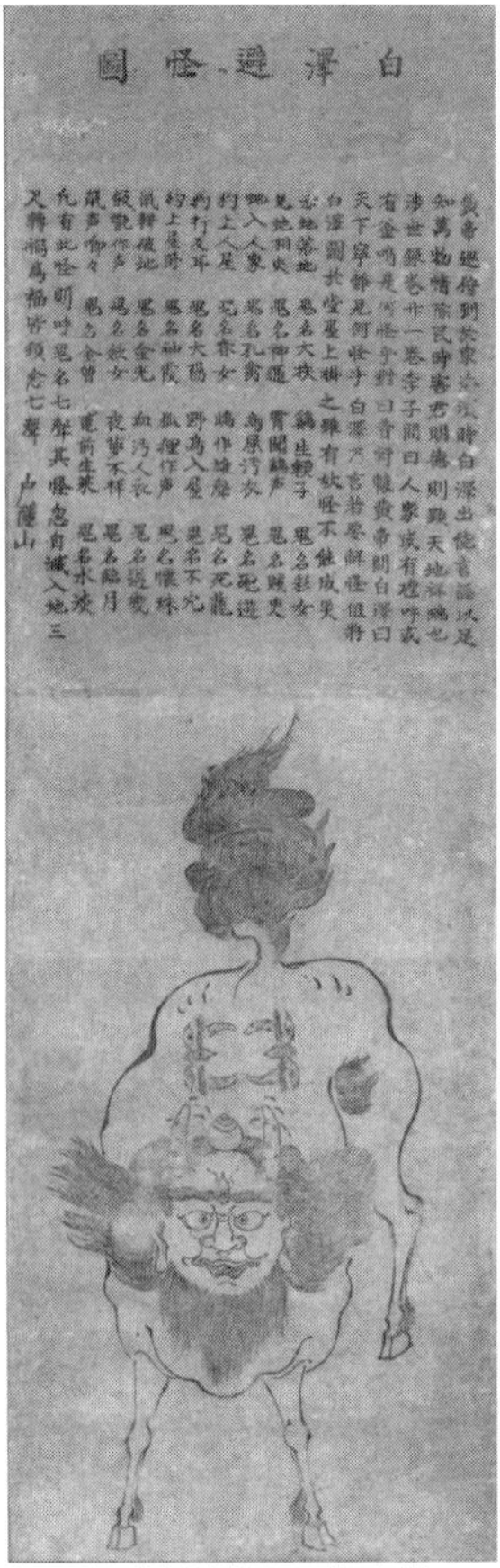

❺戸隠山「白沢避怪図」（個人蔵）

系統だけでも少なくとも三種、構図が異なる宮澤旅館本を合わせて四種類以上の版木が造られたこととなる。おそらく実際に刷られた数は優に数千枚におよぶであろう。加えて戸隠山以外の「白沢避怪図」も多数見つかっており（熊澤：二〇一三・二〇一七、Haper：二〇二三）、その全容は今日なおわかっていないほどである。

このほかにも刷り物として流布した白沢図は非常に多く伝存しており、浮世絵師の作品も多い。冒頭に挙げた鳥山石燕のほかにも、勝川春章《かつかわしゅんしょう》・葛飾北斎《かつしかほくさい》・北尾重政《きたおしげまさ》・北尾政美《きたおまさよし》（鍬形蕙斎《くわがたけいさい》）・梅《ばい》素亭《そてい》（整軒）玄魚《げんぎょ》らの白沢図が一枚刷りや挿し絵などとして流布していた。このように大量印刷により流布した白沢図は、肉筆画よりもはるかに多くの人の目に触れ、人々のコモンセンスとなったはずである。やがてそれは江戸末期の予言獣の表象にも取り入れられてゆくこととなる（例えば、脇に二つの眼を持つ「くたべ」の瓦版《かわらばん》など。長野ほか：二〇二三）。

一方で屋代弘賢《やしろひろかた》ら一部の知識人が中国風の白沢の知識を共有し、虎面獣身の白沢図を刷った例もあるが（佐々木：二〇一七・二〇一八）、かえって流布や影響は限定的であった。

4　白沢図画賛の意義とその影響

以上をふまえて、最後に白沢図が「妖怪」の成り立ちにどのような影響を与えたのかを考えてみたい。村上紀夫は、怪異が情報に過ぎないこと（西山：二〇〇三）をふまえ、その情報を媒介するメディアに注意すべきであると提起した（村上：二〇二三）。近世史を専門とする村上の言うメディアとは、書物・随筆などのストック型と、噂話や瓦版などのフロー型に分かれる。ストックとは情報を収蔵すること、フローとは情報を拡散することを意味する。「白沢避怪図」などの刷り物は、瓦版よりはやや高尚な感もあるが、大量消費されて庶民に拡散していく状況から、フロー型の範疇であろう。先の敦煌白沢図［❷］もフロー型に近い。つまり白沢の知識＝情報は、本来はストック型メディアである漢籍により伝わったが、近世では明らかにフロー型メディアによって浸透したと言える。

ところでフロー型メディアでは、どうしても視覚情報に目が行きがちである。白沢図も絵にばかり注目してしまうが、同時に文字情報にも注意しなければならない。なぜなら刷り物の白沢図には、たいてい上部に画賛《がさん》（絵にちなんだ詩や文章）が付けられており、絵と並んで白沢図の主要な構成要素であったからである。そこで改めて、もっともよく知られた戸隠山「白沢避怪図」〔❺〕の画賛を取り上げたい。いささか長いので、全文を三段に分けて引いてみよう。まずは冒頭の白沢伝説である。

①黄帝が巡行して東海の浜に至ったとき、白沢が現れた。（白沢は）言葉を話すことができたので、これにより万物の情を知り、民の折々の災害を除くことができた。君主が徳を明らかにすれば、そこで現れる。天地の祥瑞である。

この段はおおむね『瑞応図』を踏襲したものらしく、戸隠山のものよりも古い「白沢避怪図」（伝雪舟《せっしゅう》本）の摸本（東京国立博物館：二〇〇二）には、「瑞応図云」と明記されている。続いて南宋・徐彭年『渉世録』からの引用である。

②『渉世録』巻二十一に次のように言う。末子（原文は「李子」）が「人家に甑《こしき》が叫ぶことや釜が鳴ることがありますが、それは何の怪ですか？」と問うた。そこで答えるところには「昔、軒轅《けんえん》黄帝が白沢に『天下は安寧だが、如何なる怪（異）を見るだろうか』と問うた。すると白沢は『もし（不吉な）怪を解除したければ、ただ白沢の図を堂屋《どうおく》に掛けよ。（さすれば）妖怪ありといえども、災いをなすことはできない。』と答えたのだ」と。

ここで言う「怪」と「妖怪」は、どちらも怪異現象を意味し、それは災禍《わざわい》の予兆と考えられた。これを承け、最後に不吉な怪異現象とそれを起こす鬼が列挙される。

③赤蛇が地に落ち（るという怪異があ）れば、（それを起こす）鬼の名は大扶《たいふ》。鶏が輭子《なんご》を生めば、鬼の名は彩女《さいじょ》。蛇が互いに交わるのを見れば、鬼の名は神通《しんつう》。夜に鶏の声を聞けば、鬼の名は賊吏《ぞくり》。蛇が家に入れば、鬼の名は孔禽《こうきん》。鳥の糞が衣を汚せば、鬼の名は飛遊《ひゆう》。狗が家屋に上がれば、鬼の名は春女《しゅんじょ》。嶋《めんどり》が雄の声で鳴けば、鬼の名は死龍《しりゅう》。狗《いぬ》が歩きながら耳を反らせば、鬼の名は大陽《たいよう》。野鳥が屋内に入れば、鬼の名は不穴《ふけつ》。狗が屋内に入って寝れば、鬼の名

は神霞《しんか》。狐狸が鳴き声をあげれば、鬼の名は懐珠《かいじゅ》。鼠が土を掘って地に穴を空ければ、鬼の名は金光《きんこう》。血で衣が汚れれば、鬼の名は遊幾《ゆうき》。飯炊きの甑《こしき》が音を出せば、鬼の名は斂女《れんじょ》。夜に不祥な夢をみれば、鬼の名は臨月《りんげつ》。鼠が喞喞《しょくしょく》と鳴けば、鬼の名は金曹《きんそう》。竈の前に菜が生えれば、鬼の名は水淡《すいたん》。これらの怪があれば、鬼の名を七回呼べ。その怪は忽ち自滅して地中三尺のところに入り、禍転じて福となる。みな必ず七回念じるべし。

ここで言う「鬼」とはオニではなく、精魅《もののけ》を意味する漢語である。そしてこの情報こそ、白沢が黄帝に語った「万物の情（精）」にほかならない。誤解がないように言っておくと、実は③は、元《げん》の日用百科全書『事林広記《じりんこうき》』からの引用なのだが（周：二〇一六、佐々木：二〇一七）、この記事が①『瑞応図』・②『渉世録』の後に置かれることで、たった十八種の怪異があらゆる怪異を代表し、どんな不吉な怪異もはらうことができるというニュアンスがそこに込められることになるのである。

京極夏彦は、本来、怪異現象《コト》と存在《モノ》（キャラクター）の両方を含意していた「妖怪」概念が、通俗化する中で存在《モノ》のみを意味するようになることを論じ、これを「コトのモノ化」と呼んだ。またモノ化の第一歩として「名付け」があることを指摘した（京極：二〇〇七）。右の画賛の構成は、まさしくコトが名付けられ、モノとして再解釈される過程を表していよう。『渉世録』に言う「怪」「妖怪」＝怪異現象《コト》は、続く『事林広記』の引用により、さまざまな「鬼」＝存在《モノ》と結びつけられたのである。

さて、この画賛は、江戸の初めごろまでは日本でも一部の絵師や知識人が知る程度であったが、江戸中期以降、白沢避怪図が刷り物として大量に流布するようになると、あらゆる人々に広まっていくことになる。それはまさに収蔵《ストック》された怪異情報が拡散《フロー》に転じた瞬間であった。それが当時の人々の妖怪観念にどれほどの影響を与えたかはわからないが、筆者は少なくとも一つ、ここから生まれた「妖怪」を挙げるができる。すなわち第2部第4章で述べる「鳴釜《なりかま》」である。

参考文献

岡部美沙子「東アジア地域における龍身白沢図像の伝播と受容―西安戸県の白沢像を中心に」（『東アジア文化交渉研究』十、二〇一七年）
岡部美沙子「一七世紀狩野派の白沢図像」（『史泉』一三二、二〇二〇年）
京極夏彦『妖怪の理 妖怪の檻』（角川書店、二〇〇七年）

熊澤美弓『『渉世録』について―「白沢避怪図」にみえる妖怪資料」（『愛知県立大学大学院国際文化研究科論集』八、二〇〇七年）
熊澤美弓・加藤弓枝「備後護国神社所蔵白沢図添付文書について」（『豊田工業高等専門学校研究紀要』四十六、二〇一三年）
熊澤美弓「戸隠御師と白沢」（アジア遊学一八七、勉誠出版、二〇一五年）
熊澤美弓「白沢避怪図を広める人々―山岳信仰と白沢避怪図」（『愛知県立大学文字文化財研究所紀要』三、二〇一七年）
佐々木聡『復元白沢図―古代中国の妖怪と辟邪文化』（白澤社、二〇一七年）
佐々木聡「神獣白沢と治病祈願」（『鍼灸OSAKSA』一三〇、二〇一八年）
佐々木聡「大尾に置かれた白沢図とその意味」（篠原進ほか『安政コロリ流行記―幕末江戸の感染症と流言』白澤社、二〇二一年）
周西波「白沢信仰及其形像転変之考察」（『敦煌学』三十二、二〇一六年）
東京国立博物館・京都国立博物館編『没後五〇〇年特別展　雪舟』（毎日新聞社、二〇〇二年）
長野栄俊・岩間理紀・笹方政紀・峰守ひろかず『予言獣大図鑑』（文学通信、二〇二三年）
西山克「怪異のポリティクス」（東アジア恠異学会編『怪異学の技法』臨川書店、二〇〇三年）

村上紀夫『怪異と妖怪のメディア史―情報社会としての近世』（創元社、二〇二三年）

Donald Harper, "Pictures of Baize/Hakutaku 白沢 (White Marsh): Ephemera and popular culture in Tang China and Edo Japan", Marianne Bujard, Donald Harper & Li Guoqiang(eds), Temps, espace et destin: Mélanges offerts à Marc Kalinowski, Paris, Collège de France, 2023.

「神」か「妖怪」か、時代ごとに移り変わる定義

3 天狗——天変から信仰へ

久留島元

1 天狗は神か

天狗は、日本では河童、鬼とならびよく知られている。しかし天狗を「妖怪」と定義すると戸惑う人もいるかもしれない。高尾山薬王院《たかおさんやくおういん》では本尊飯綱《いづな》大権現の眷属《けんぞく》で庶民救済の神通力を持つとされているし、昭和二十年代から鞍馬《くらま》弘教《こうきょう》総本山を称する京都の鞍馬寺では、魔王尊こと大天狗を大地の化身として信仰している［❶］。「妖怪」より「神」に近いと考える人も多いだろう。

しかし、正徳《しょうとく》六年（一七一六）刊行の『本朝怪談故事《ほんちょうかいだんこじ》』第二巻十三「羽黒山賽銭」の項には「斯《この》山ノ霊験新タニシテ、奇怪ナル事ハ皆是悉《ことごと》ク天狗ノスル所也」という一文がある。これは、

❶鞍馬寺魔王殿（著者撮影）

羽黒山参道に撒かれた賽銭を欲心から持ち帰ろうとすると馬糞になるという伝承に対する評言で、この山は霊験あらたかなので、神ならば慈悲深く貧乏人に施すものであり、そうでなければ奇怪なことは天狗の仕業だというのである（先行する『本朝故事因縁集《ほんちょうこじいんねんしゅう》』にも似た評がある）。

天狗が「神」か「妖怪」か、という問いは定義によって変わるが（小松：一九九四、廣田：二〇二二）、そもそも赤ら顔で鼻が高く、頭に兜《と》巾《きん》、身に篠懸《すずかけ》、括袴《くくりばかま》に脚絆《きゃかん》、手甲《てこう》、一本歯の高下駄を履いた山伏姿は、山岳修験との密接な関係をあらわしている。では天狗はなぜ山岳修験と結びつき、信仰されてきたのだろうか。

2　古代の天狗

中国で「天狗」は、字義通り「天のイヌ」を意味する。『漢書《かんじょ》』天文志《てんもんし》などの天文書では大音を発して落ちる流星で、地に落ちて獣の姿になり、敗軍の予兆になるという。つまり天変の一種だった。地域や時代によって中国の「天狗」伝承も変化し、深山に棲む怪獣や、天を飛ぶ神犬をさすとされたり、日月を食べて日食・月食を引き起こす、空から飛来し子どもや妊婦を害するなどと語られたりする。いずれにしても飛行する獣のイメージが強い。

日本では『日本書紀《にほんしょき》』舒明《じょめい》天皇九年（六三九）二月に、東の空から西へ雷のような音をたてて流れた星を、中国への留学経験を持つ僧旻《みん》が「流星にあらず、天狗なり」と判じた記事がある。同年に起こった蝦夷《えみし》との戦いで朝廷側が敗走した記事に関連する記述だろう、日本の「天狗」初例も天変だった。しかし平安時代の古訓では「天狗」に「アマツキツネ」とルビがあり、天を飛ぶ怪しいものと考えられた。

天狗は漢訳仏典にも登場する。『正法念処経《しょうほうねんしょきょう》』に天から光り輝く「憂流迦《うるか》」が飛来する描写があり、「魏でいう天狗である」と注する。中国でいう流星のイメージをふまえるが、正体は天と阿修羅《あしゅら》との戦いに参戦する夜叉《やしゃ》らしい。こうした文言をもとに日本の仏教者たちは飛行する禍々しい存在として「天狗」と「魔」を同一視した。

仏典で「魔（天魔）」は修行者を惑わし、欲望や驕慢《きょうまん》、怒りなどの煩悩を引き起こす。魔の誘惑にのった人は死後「魔道」におちるといい、仏教者たちは魔を避ける修行法を伝えた。比叡山《ひえいざん》の学僧、光宗《こうしゅう》が編んだ『渓嵐拾葉集《けいらんしゅうようしゅう》』巻六十七には天狗が蛇や鵄《とび》を使って修行を妨げても、大日如来を観じ真言を唱えればたぶらかされないと記されている。

摂関家出身で比叡山座主となった慈円《じえん》の著作『愚管抄《ぐかんしょう》』六には、建永《けんえい》元年（一二〇六）のころ、かつて後白河院《ごしらかわ》に仕えていた男の妻に院の霊が取り憑き、「我祝へ」つまり自分を祀れと託宣したという事件が記される。公卿の衆議も祭祀に決しようとしたが、慈円は「怨霊と決まった人が託宣をすることはあるが、人に取り憑き惑わせる野干《やかん》（狐狸）、天狗の言葉を聞き、怪しい宗教者を近寄らせてはいけない」と反対した。狐狸と同じ憑きものだというのだ。結果としては慈円の主張が認められ、夫妻は世を乱したとして流罪になったという。

歴史学者の大隅和雄は、『愚管抄』には現実の社会（顕）が目に見えない世界（冥）との関係によって動かされるという歴史観があると述べ、神仏、その化身、怨霊、天狗・狐狸という四種の存在「冥衆《みょうしゅ》」の働きに注目した（大隅：一九八六）。そして後白河院霊の一件は、見識がない人々が冥衆を区別できず天狗の言説に惑わされた事例と解釈している。

人に取り憑き託宣するような存在を神仏か天狗か見極めることは困難だ、という認識はその通りだろう。ただし大隅の見解は近年異論が多く、森新之介は『愚管抄』にみられる「冥衆」は仏神のみをさし、怨霊や狐狸天狗は含まれないとする（森：二〇一八）。そして『愚管抄』の歴史観は、顕然と明らかな道理と冥然として知りがたい道理との離合を日本の歴史にあてはめることにあり、不可視な冥の世界を論じたわけではないとする。

『愚管抄』七には、常に神明（神々）に適うよう治世を行うべきであり、末法の世でも冥衆の存在しないことはなく（「誠ニハ劫末マデモ冥衆ノヲハシマサヌ世ハカタ時モアルマジキ」）、天道に背けば冥罰《みょうばつ》があたる（天道ニマカセマイラセテ、無道ニ事ヲオコナハヾ冥罰ヲマタルベキナリ）、と述べている。つまり人を惑わせ混乱させる天狗は「冥衆」＝神仏には含まれず、天道に背く存在なのだろう。このころ天狗は、神ではなかった。

3　天狗をまつる

実は『愚管抄』に「天狗をまつる」という表現がある。源頼朝《みなもとのよりとも》に挙兵を促したといわれる怪僧、文覚《もんがく》について、荒行ばかりで学問せず、浅ましく人を罵るような男で「天狗ヲマツル」といわれている、というのだ。文覚と天狗を結びつける言説は『源平盛衰記《げんぺいせいすいき》』にも「此《この》文覚は天狗の法成就の人にて」とあり、「天狗根性」とも評される。

しかしこれは天狗信仰ではない。先行する『今昔物語集《こんじゃくものがたりしゅう》』巻二十に「祭天狗法師《てんぐをまつるほうし》、擬男習此術語《おとこにこのじゅつをならわしめむとすること》第九」がある。外術を使う下衆法師に弟子入りした男が、修行として山奥で老僧に面会したが、禁止されていた懐刀を見つかりそうになったので逆に襲撃したところ、老僧は姿を消し、山奥と思ったのは一条西洞院《いちじょうにしとうのいん》の大峰寺であった、という話だ。外術を使う法師は「天狗ヲ祭タルニヤ有ケム」と評され、三宝に帰依しようと思えば決して近づいてはならないと語られる。

同じく『今昔物語集』巻二十「祭天狗僧《てんぐをまつるそう》、参内裏現被追語《だいりにまいりてあらわにおわれたること》第四」では、円融《えんゆう》院の病を癒やした高山の聖人が、実は天台・真言の護持僧に「天狗ヲ祭ルヲ以テ役」とする法師だったと暴露され、都を追われる話がある。関連する『扶桑略記《ふそうりゃくき》』巻廿六・康保《こうほう》五年戊辰《ぼしん》条では「多波天法」を習う香山《こうせん》聖人が冷泉《れいぜい》天皇治病に失敗して逃亡したと記され、年代に異同があるものの、験力《げんりき》を期待された宗教者が都から追放された事例らしい。

法師の修行した香山（『今昔』では「高山」と表記）は春日山南中腹にあった古い薬師信仰の霊場らしい。法師は空から花が舞い散る奇跡を起こし験力を誇示するが、宇治を越えて京に近づくと花は降らず、反中央的存在であることが暗示される。

ちなみに第九話で外術を使う法師がいたという大峰寺は大峰野とも呼ばれ、三条《さんじょう》天皇の后、藤《ふじ》原妍子《わらのけんし》の遺体を火葬したとされる葬送地である。天狗は「比良ノ山」（十一話）や「伊吹ノ山」（十二

❷中村庸一郎蔵『天狗草紙』伝三井寺巻

話）のような霊山だけでなく、都の「周縁」に出現する存在であった。

つまり、文覚や香山（高山）聖人の山岳修行に天狗信仰があったのではなく、仏教に背き、否定されるべき教えに「天狗」とレッテルを貼ったと考えてよい。

こうした「天狗」への批判は、鎌倉時代成立の絵巻『七天狗絵《しちてんぐえ》（天狗草紙）』にも顕著である［❷］。これは七巻構成で仏教界の驕慢さを諷刺、批判する作品である。

> 日本国に天狗が多いといっても七類を出ない、すなわち興福寺、東大寺、延暦寺（比叡山）、園城寺（三井寺）、東寺、山伏、遁世《とんせい》の僧たちである。すべて自分だけが、自分の宗派だけがと我執にこだわり慢心し、自分の利益を優先する。そのため必ず魔界に堕ちるのである。

近年、成立に律宗が関わるともされるが、それぞれの巻は諸寺の来歴をたどりながら、興福寺は藤原摂関家の帰依をうけた六宗の長者だが、それを誇り、衆徒の執心、驕慢はなはだしく天狗になる。延暦寺は王城鎮護の本山なので諸国の寺社を末寺だと侮り、衆徒すべて天狗になる、などと批判し、執着を捨てて諸宗をよく学ぶことが魔界を退ける方法だと解説する。

諸大寺と同じように山伏（山林修行者）、修験（熊野などの修行者）も天狗の一類とされるが、とりわけ時衆開祖の一遍《いっぺん》や、禅宗系の説教僧、自然居士《じねんこじ》は名指しで誹謗され、天狗の教えと批判される。満遍なく大寺を目配りした諸宗兼学の立場からいえば、修行を念仏や禅に簡略化して民衆に教宣する新興宗派こそ、我宗に執着する魔道の住人だったらしい。

4　天狗と修験

仏教に対する魔と位置づけられた天狗はどのような結末を迎えるのか。絵巻の終盤、天狗の教えは末法の世に広がるが、油断して命を落とした仲間の死をきっかけに天狗たちは自らの浅ましさを顧み、執着を捨てて再修行する。魔道を契機に仏道へ至る、魔界即仏界の論理が説かれる。この考えは特異ではなく、同時代に多くの書物で「魔仏一如」が説かれ、魔道と仏道は表裏の関係にあるとされた。『七天狗絵』写本にはその名もずばり『魔仏一如絵詞《まぶついちにょえことば》』という別名もある。

こうした論理が背景となってか、室町時代に入ると天狗を肯定的に取り込んだ寺社縁起が散見される。例えば延徳《えんとく》四年（一四九二）、愛宕山白雲寺《あたごさんはくうんじ》の修造に際して相国寺《しょうこくじ》長老、横川景三《おうさんけいさん》が記した「愛宕白雲寺縁起」である。

❸海北友徳「烏天狗騎猪図」（架蔵レプリカ）

この縁起は役行者《えんのぎょうじゃ》（小角《おづぬ》）、雲遍《うんぺん》（泰澄《たいちょう》）が山に至ると地蔵、竜樹、毘沙門ら五仏が出現し、三国の天狗（天竺の日良《にちら》、唐土の善界《ぜがい》、日本の太郎）が大杉の上に集結し霊地守護を誓った、などの奇瑞により白雲寺が開かれたと述べる。『謡抄《うたいしょう》』、林羅山《はやしらざん》『本朝神社考《ほんちょうじんじゃこう》』、『山城名勝《やましろめいしょう》志《し》』ほかに引用され、愛宕山の縁起として公式化していくことになる。興味深いことに、天狗説話を取り込み、役行者を開祖に据えた「愛宕白雲寺縁起」が書かれた時期は、室町幕府の中枢で山岳修験の存在感が増してきた時期でもあった。

例えば幕府の管領をつとめた細川政元《ほそかわまさもと》（一四六六〜

一五〇七）は、応仁の乱で東軍主将となった勝元《かつもと》の子だが、修験道に傾倒し奇行が多かったという。政元は安芸《あき》の国衆出身で愛宕・鞍馬で兵法を修行した山伏「司箭《しせん》」らを重用し、地方勢力を取り込むほか、修験のネットワークを利用したとされる（末柄：一九九二）。

また長享《ちょうきょう》二年（一四八八）四月二十七日には将軍家が愛宕社、野宮社に神馬を寄進して戦勝を祈願しており、これ以降定例化する。愛宕の本尊、勝軍地蔵の信仰が定着したのもこの時期ということになる。愛宕の勝軍地蔵は騎馬像で知られるが、摩利支天《まりしてん》とも習合し天狗の騎猪《きちょ》図が描かれた［❸］。

勝軍地蔵と同じく戦勝祈願の軍神として知られる飯綱明神も、南北朝から室町時代に武将たちの信仰を集めた。『戸隠顕光寺流記《とがくしけんこうじるき》』によれば天福《てんぷく》元年（一二三三）「日本第三の天狗」飯綱大明神が住僧に託し、天狗道の苦から脱するため仏教に帰依し鎮守神となったと語られる。地主神が衆生からの解脱を願って仏教に帰依する、神身離脱パターンの説話だが、天狗を名乗る点が興味深い。確立期の修験道は修行者を妨げる「魔」だった天狗を、逆に護法神として再定義したのである。

5　天狗と天道

❹歌川国貞『牛若鞍馬兵術励』（日文研デジタルアーカイブ）

寛正《かんしょう》六年（一四六五）に上演記録が残る能『鞍馬天狗』も、修験道と天狗との関係を反映している。この作品では鞍馬山で修行する遮那王《しゃなおう》、のちの義経《よしつね》と心を通わせた山伏（実は大天狗）が、義経に兵法の奥義を授け、源氏の武運を予見する。諸国の天狗を従えた大天狗は兵法の守護者でもあり、ほかの天狗能とは一線を画した威厳に満ちている［❹］。

毘沙門天を本尊とする鞍馬寺は武家の信仰があつく、法師も兵法に通じていた。政元に仕えた司箭もその一人である。能『鞍馬天狗』の梗概は同時代の御伽草子や芸能とも共通し、平家追討の名将、義経に結びついた兵法秘伝説話が、鞍馬の寺僧たちによってさまざまに語られたことを反映する。近世初期に語られた同系の天狗説話では、天狗をさらに道徳的な存在として位置づけている。

寛永《かんえい》年間（一六二四～四四）に刊行された幸若舞正本《こうわかまいしょうほん》『未来《みらい》記《き》』では、山を乱す牛若丸《うしわかまる》（義経）に「法罰」を与えようという天狗に対し、別の天狗が牛若は親の敵討ちのため修行する孝行者であり、慢心を起こして天狗道に落ちた我々も守護すべきだとたしなめる。同じ『未来記』の内閣文庫蔵本では父母に孝養ある者は必ず「天道の加護」があるので法罰にはあたらない、という。

高慢のため魔道におちた天狗が、天道にもとづき善悪を裁く権威者の立場となる。天の道理、倫理として天道を重視する思想は鎌倉時代から浸透し、神仏儒や宗派を超えた原則とされた。特に戦国時代には戦の勝敗など天運を呼び寄せる要素として、武将たちに世俗的道徳観が尊重されたという（神田：二〇一六）。修験道と結びついた天狗説話は、兵法とともにこうした道徳性を取り込み、武家社会に受容されたようだ。

むろんその後も、経典や古典をもとに天狗を魔と位置づける説明は生き続ける。修験者にとっても山林修行で出会う危険や障礙《しょうげ》は、変わらず魔の仕業と感じられたことだろう。しかし武辺を鼻に掛けた高慢な兵法者を天狗が懲らしめるなど、畏敬すべき神霊とする説話も増えていく。つまり、中国から不吉な天変として伝えられた天狗像は、中世に修験道と結びついて大きな転換を迎え、近世を通じて神格化されていくのである。

参考文献

阿山健人「『七天狗絵』と中世東山―称名寺本第五帖山臥・遁世の段を読み解く」（『文学史研究』六十三、二〇二三年）
阿山健人「『七天狗絵』の縁起叙述における講式利用―興福寺巻と貞慶の言説」（『国語国文』九十三―六、二〇二四年）
大隅和雄『愚管抄を読む―中世日本の歴史観』（平凡社、一九八六年。講談社学術文庫、一九九九年）
神田千里『戦国と宗教』（岩波新書、二〇一六年）
久留島元「天狗信仰と文芸」（東アジア恠異学会編『怪異学講義―王権・信仰・いとなみ』勉誠出版、二〇二一年）
久留島元『天狗説話考』（白澤社、二〇二三年）
小松和彦『妖怪学新考―妖怪からみる日本人の心』（小学館、一九九四年）
末柄豊「細川政元と修験道―司箭院興仙を中心に」（『遙かなる中世』十二、一九九二年）
土屋貴裕「『七天狗絵』と「天狗草紙」―〈二つの天狗草紙〉とその成立背景」（『仏教文学』三十、二〇〇六年）
廣田龍平『妖怪の誕生―超自然と怪奇的自然の存在論的歴史人類学』（青弓社、二〇二二年）
森新之介「慈円『愚管抄』の冥顕論と道理史観」（『早稲田大学高等研究所紀要』十、二〇一八年）
森正人「天狗と仏法」（『今昔物語集の生成』和泉書院、一九八六年）

4 鳴釜《なりかま》——俗信から科学、そして諧謔へ

佐々木聡

はじめに

「鳴釜」という「妖怪」が鳥山石燕《とりやませきえん》の『(画図《がず》)百器徒然袋《ひゃっきつれづれぶくろ》』巻之下に収録されている[❶]。この本は石燕の『画図百鬼夜行《がずひゃっきやぎょう》』から続く四部作の最終巻にあたり、題名の通り、器物の妖怪を中心に収める。釜を逆さにかぶり、毛むくじゃらで描かれるその姿は、『百鬼夜行絵巻《ひゃっきやぎょうえまき》』の古釜《ふるかま》の付喪神《つくもがみ》を参考にしたものとされる(高田ほか：一九九二)。足元にある破れた竈《かまど》やなべぶたも、この妖怪が付喪神であることを暗示しているようである。しかし、そもそも「鳴釜」は「釜鳴《かまなり》」とも言い、釜を使った調理の際に不思議な音が鳴るという怪異現象であり、古釜の付喪神とは本来

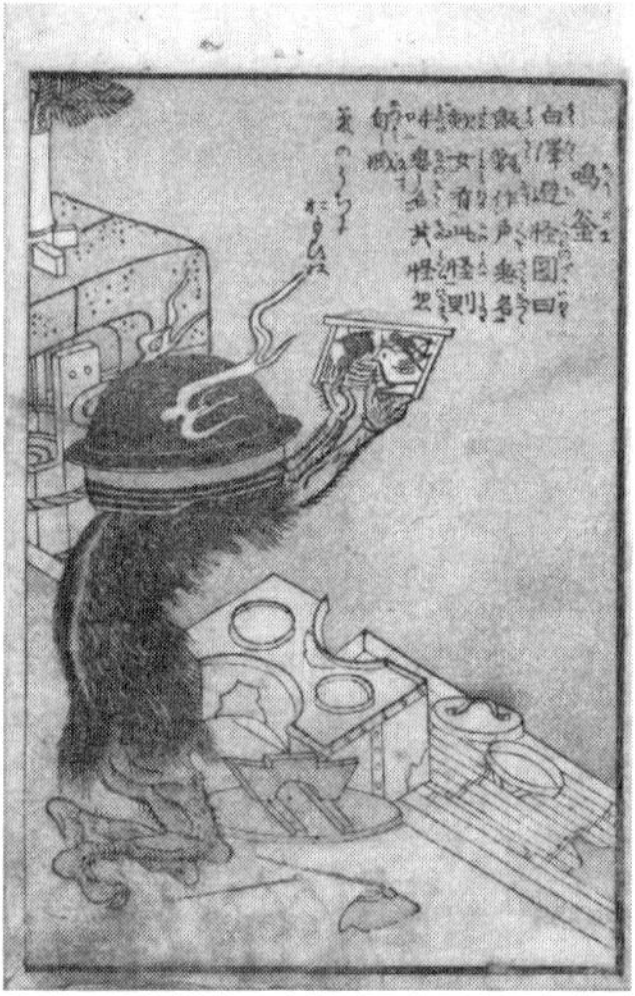

❶『百器徒然袋』鳴釜（国立国会図書館デジタルコレクション）

別物であった。後述するように、石燕もこの点は承知していたはずである。つまり両者を同じものとみなすのはあくまで石燕の解釈もしくは付会ということになる。また、その画中に「白沢避怪図《はくたくひかいのず》に言う、飯炊きの甑《こしき》が音を出せば、鬼の名は歛女《れんじょ》。この怪あるとき、鬼の名を呼べば、その怪は忽ち自滅する」とあるように、その着想の起点は、第2部第2章で見た「白沢避怪図」にあるらしい。言わば『百器徒然袋』の鳴釜は石燕によりつくられた妖怪であった。

香川雅信は、民俗社会では不可解な事象を説明するための文化装置であった「妖怪」が、近世（特に十八世紀後半）以降、キャラクター化して娯楽の対象となっていくことを論じ、それを「江戸の妖怪革命」と呼んだ（香川：二〇〇五）。香川の言う「不可解な現象」こそ「怪異」にほかならない。対して木場貴俊は、「怪異」に関わる営みを「怪異をつくること」と捉える。例えば、対象を怪異とみなすこと、その判断の理由や対処方法を述べること、怪異を表現すること、怪異を名付けること等々、これらによって「怪異がつくられていく」という（木場：二〇二〇）。なお木場の言う「怪異」は現象《コト》・存在《モノ》（キャラクター）双方を包括し、香川の言う「妖怪」もここに含まれる。

香川や木場の議論をふまえれば、近世の「妖怪」の成り立ちを考えるうえで、怪異情報をどのように理解・整理・取捨したかが重要となる。石燕が「鳴釜」を描いた背景には、釜鳴をめぐる多くの怪異情報・言説があった。本章では、釜鳴をめぐる怪異言説を通時的に見ていくことで、近世という情報社会（村上：二〇二三）において膨張する怪異情報のあり方を考えてみたい。

1 中国古代以来の祥瑞災異として

釜鳴は、熱い空気と冷えた米等の間で振動した空気が、膨張・収縮を繰り返して大きな振動に成長し、さらに甑の筒内で共鳴して大きな音が出る現象とされる（壇上：二〇〇九）。日常的に釜や甑を使って炊事をしていた前近代の東アジアでは、釜鳴は稀に起こりうる現象であった。人々はこれを不思議だと思い、怪異とみなしたのだろう。すでに漢・焦延寿《しょうえんじゅ》『焦氏易林《しょうしえきりん》』や晋・郭璞《かくはく》『洞林《どうりん》』の逸文《いつぶん》（『開元占経《かいげんせんけい》』巻一一四）に釜鳴を不吉や葬儀の予兆とみなす記事がある。しかし日常でときおり起こる現象でありながら、前近代を通じて釜鳴が国家的な災異として扱われた例は非常に少なく、国家の災異記録である正史五行志にも釜鳴は取られていない（佐々木：二〇一七）。『地鏡《ちきょう》』の逸文（『開元占経』巻一一四）によれば、釜鳴は「一年以内の大喪《たいそう》（皇室の葬喪）」の予兆とされるため、儒教的な祥瑞災異の文脈では記録すること自体が憚られたのかもしれない。

一方、通俗信仰の文脈では、釜鳴はポピュラーな怪異であった。例えば唐代の怪異占書である『白沢精怪図《はくたくせいかいず》』（P《ペリオ》二六八二）には、次のような占辞が見える。

子の日に釜が鳴れば、妻が家内で不倫をする。丑の日に釜が鳴れば、上客・君子とのめぐり合わせがある。寅の日に釜が鳴れば、嫁娶《かしゅ》や慶事のめぐり合わせがある。卯の日に釜が鳴れば、長子に徭役《ようえき》が課され、その地はよくないことがある。……

このように釜鳴がおこる日の地支《ちし》（十二支）により吉凶をうらなう。ここでは釜鳴は必ずしも不祥ではなく、吉兆となることもあった。もっとも伝存する唐代の釜鳴占を概観すると（岩本：二〇一五、王：二〇一四）、凶兆が大半を占めるので、人々が釜鳴に不吉なイメージを抱いていたことはたしかだろう。

そこで問題となるのが、釜鳴を起こす存在である。儒教的な文脈であれば、怪異はすべて天が降していると理解されるが、通俗信仰では、怪異は悪鬼や精魅《もののけ》がひき起こすと考えることが多かった。例えば、五代から北宋の初めごろを生きた徐鉉《じょげん》の『稽神録《けいしんろく》』（『太平広記《たいへいこうき》』巻四四〇所引）に鼠のもののけが釜鳴を起こした記事が見える。

太廟斎郎《たいびょうさいろう》（祭祀の雑事を掌る下級官）の盧嵩《ろすう》の住居で釜鳴がおこった。竈の下に鼠がいて人が慟哭するような声で鳴いている。そこで竈を祀ったところ、竈の下から五匹の大鼠が現れ、それぞれ五方の色（青赤黄白黒）のようであった。（大鼠たちは）祭祀の供物をことごとく平らげると、また竈の中に入っていった。その年、盧嵩は興化県《こうかけん》の尉《い》（県令の補佐官の一つ）に任命され、とうとうほかに怪異はおこらなかった。

これが史実であるかはさておき、説話中で盧嵩は釜鳴を凶兆と考え、不祥を鎮めるために祭祀をしている。結局、大鼠に騙されて供物を貪られたと見るか、本当に霊験があったと見るかは意見が分かれそうだが、いずれにしても釜鳴の怪異を起こしたのが大鼠だったと理解されていることは間違いない。このように竈にはときおり精魅や鬼神が棲みつき、怪異を起こすと考えられた。例えば、初期の道教経典である『太上正一呪鬼経《たいじょうしょういつじゅききょう》』には「甑叫釜鳴金鉄之精《こしきさけびかまなるきんてつのせい》」（「甑叫」「釜鳴」は同じ現象。甑は釜の上に載せる蒸し器のこと）という精魅が見えるが、これなどは六朝《りくちょう》当時の通俗信仰を吸収したものと考えられる。

2　「自然の怪」から自然科学的理解へ

一方、実は釜鳴を「自然の怪（感応）」であり、「鬼神の禍《わざわい》」ではないとする考えもあった。これは先に挙げた『白沢精怪図』に見える。ここで言う「自然」とは、現代人の語感にある自然（＝Nature）とは異なり、「（天の道理に従い、万物が）おのずからそうなる」ことを意味する。儒教的文脈における、天が降す祥瑞災異なども「自然の怪」と言える。したがって釜鳴は「自然」の現象であり、かつ未来の吉凶を示す予兆でもある。「自然」現象であることと吉凶の予兆であることが両立するのが、当時の人々の自然観（コスモロジー）であった。しかしこうした「自然の怪」とは別に、先に見たような悪鬼や精魅が好き勝手に怪異を起こす場合もあると人々は考えた。それが「鬼神の禍」である。

つまり釜鳴がおこったとき、それを「自然の怪」とみなして慌てずに未来に備える者もいれば、「鬼神の禍」だと恐れて無暗に祭祀を行う者もいたということである。不必要な祭祀は、儒教が禁じる「淫祀《いんし》」にほかならない。それなのに往々にして人々は、淫祀に走りがちであるから、それを戒めたのだろう。

釜鳴に対するこうした理性的とも言える考えは徐々に発展し、やがて現代の自然科学的な解釈へと近づいてゆく。例えば北宋『琑碎録《ささいろく》』の逸文（『養生類纂《ようじょうるいさん》』巻十一所引）に、「釜鳴は、甑の虚気《きょき》が衝突すれば鳴る。怪異ではないので、ただ持ち上げてふたを取ればすぐに止む」とある。ここで言う「虚気」が具体的に何を指すのかははっきりしないが、甑内部の空気の衝突や共鳴を指しているのだとすれば、現代の自然科学的な理解に通じるものがある。何より釜鳴が怪異＝予兆であることも無視されている。

こうした解釈は明代に入るとさらに洗練されていく。例えば、徐春甫《じょしゅんほ》『古今医統大全《ここんいとうたいぜん》』巻九十八・通用諸法・器物類「釜鳴」条に次のように言う。

> 釜鳴は炊飯せずに自然と鳴った場合は異《かいい》とする。もし炊飯した際に音が出たら、それは火がその水を激しくし（煮立たせ）、水蒸気が甑に覆われた中で、これを激しく発するから音が出るのである。これは道理のうえでは常のこと（普通の現象）である。どうして怪異とみなすに足るだろうか。

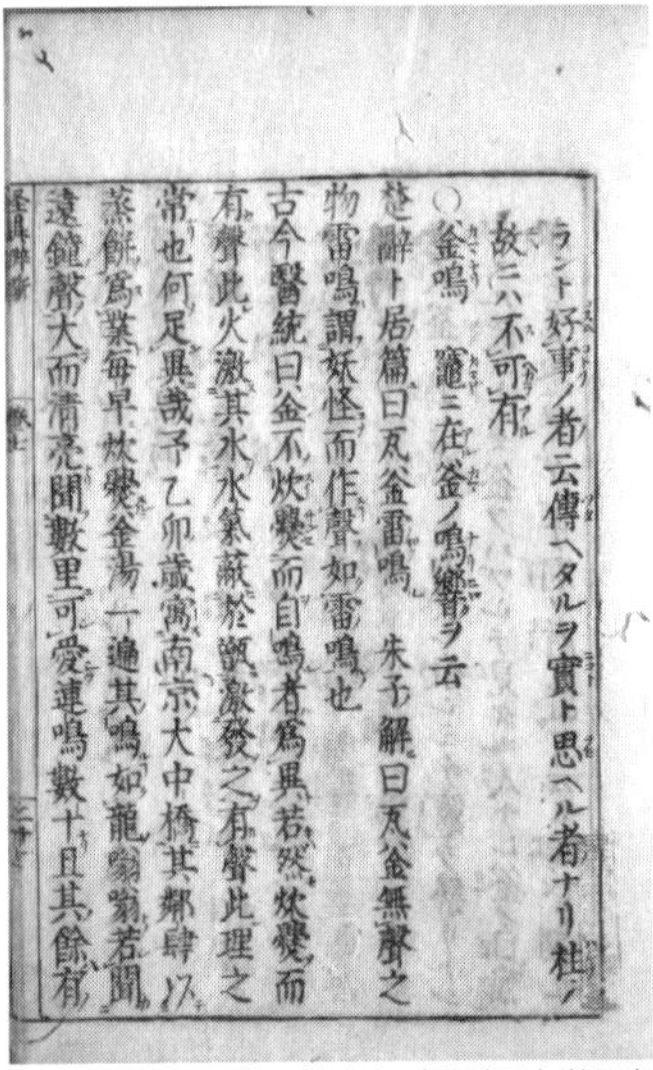
ラント好事ノ者云傳ヘタルヲ實ト思ヘル者ナリ杜ノ
故ニハ不可有
○釜鳴　竈ニ在釜ノ鳴響ヲ云
楚辭卜居篇曰瓦釜雷鳴　朱子解曰瓦釜無聲之
物雷鳴謂妖怪而作聲如雷鳴也
古今醫統曰釜不炊爨而自鳴者爲異若然炊爨而
有聲此火激其水水氣蒸於甑激發之有聲此理之
常也何足異哉予乙卯歳寓南京大中橋其鄰肆以
蒸餅爲業毎早炊爨釜湯一迸其鳴如龍吟若聞
遠鐘聲大而清亮聞數里可愛連鳴數十且其餘有

❷『怪異弁断』巻７釜鳴条（早稲田大学図書館蔵）

これなどは冒頭で述べた現代的な説明にかなり近い理解と言えよう。実際この説はそれなりに説得力があったようで、日本でも西川如見《にしかわじょけん》『怪異弁断《かいいべんだん》』〔❷〕や井上円了《いのうええんりょう》『妖怪学講義《ようかいがくこうぎ》』がこの説をそのまま採っている。

もっとも『古今医統大全』は「炊飯せずに自然と鳴った場合は異」であると言う。これは放置したままの釜が鳴動することを指し、煮炊きの際の釜鳴とは別の現象である。このようなもう一つの釜鳴は、古くは南朝宋・劉敬叔《りゅうけいしゅく》『異苑《いえん》』巻二に例が見える。ただ筆者の知る限り、唐宋ごろまでの文献に二つの釜鳴を区別した例が見えないので、両者の違いはあまり意識されなかったのだろう。しかし『古今医統大全』のように、明代では二つの釜鳴を区別し、煮炊き中の釜鳴は怪異ではなく、放置していて鳴動する方が怪異であるとする考えが生まれた。円了もこの理解に沿って、前者を「仮怪《かかい》（物理的妖怪）」、つまり科学的に説明可能な現象であると断じる。

すると放置中に鳴動した場合は真の怪異ということになるのか。これについては、円了は何も言っていないが、如見は「地気の発出に当《あたっ》て鳴響ある者也《ものなり》」という。これはややわかりづらいがその後に続く具体例で、隣家の振動が柱ごしに竈に伝わって釜が鳴ったことを取り上げるから、つまりは振動が地面から竈を通じて伝わり、釜が鳴動することを言っているのだろう。

以上見てきたように、釜鳴は中国では近世以降、物理学的な説明が行われるようになり、それを受けて江戸時代以降の日本でも同様の解釈が行われるようになる。『怪異弁断』の出版は正徳《しょうとく》五年（一七一五）、石燕が釜鳴の「妖怪」を描いた『百器徒然袋』を刊行する天明《てんめい》四年（一七八四）よりも七十年ほど前のことであった。

3　江戸時代の鳴釜神事

江戸時代では、釜鳴を科学的に理解しようとする姿勢が育ちつつあったが、他方では、釜鳴を神秘的なものと捉える観念も根強かった。実は釜鳴は日本では一種の神事となり、人口に膾炙《かいしゃ》するようになっていたからである。それが岡山県の吉備津《きびつ》神社で行われてきた「鳴釜《なるかま》神事」である［❸］。この神事では、吉備津彦命《きびつひこのみこと》に討伐された温羅《うら》が未来の吉凶を知らせるために釜を鳴らすとされる。『多聞院日記《たもんいんにっき》』永禄《えいろく》十一年（一五六八）五月十六日条に神事の記事が見えるから、こ

❸吉備津神社御竈殿の甑・釜・竈（2017年、佐々木撮影）

のころには行われていたようである。この神事は江戸時代に入ると『本朝神社《ほんちょうじんじゃ》考《こう》』『耳嚢《みみぶくろ》』『続無名抄《ぞくむみょうしょう》』『譚海《たんかい》』『類聚《るいじゅう》名物考《めいぶつこう》』『神道名目類聚抄《しんとうみょうもくるいじゅうしょう》』『諸国里人談《しょこくりじんだん》』『和漢三才図会《わかんさんさいずえ》』などさまざまな書物に記録されるようになる。とりわけ有名なのは上田秋成《うえだあきなり》の『雨月物語《うげつものがたり》』に収録される「吉備津の釜」であろう（藤井：一九八〇）。

ところで、おそらく歴史学者として初めて釜鳴に関する論文を書いた西山克《まさる》は、中世に書かれた太極《たいきょく》『碧山日録《へきざんにちろく》』応仁《おうにん》二年（一四六八）十一月十九日条に見える釜鳴の記事を取り上げる（西山：一九九六）。

十九日甲辰、明け方に西隣の家の釜が大きく鳴り、その音は雷のようであった。その家の主人は怪異だと思っ（て余に相談してき）た。余が答えて言うには、「古書を調べると、『およそ釜や甑が鳴ったときは、鬼の名は『婆女《ばじょ》』である。ただその名前を呼べば、災いはなさず、かえって吉利を招く』という。また『釜鳴は驚き叫んではならない。一男子に婦人の姿(女装)をさせて拝むべきである。(そうすれば)即座に(音は)止む。あるいは女子が男子の姿(男装)をして拝んでも止む。』という。また『釜鳴は、甑の虚気が衝突すれば鳴る。怪異ではないので、ただ持ち上げてふたを取ればすぐに止む』という。……」ということである。隣家の主人は笑ってよろこび、帰るにおよび「もし来る日に釜鳴に会えば、その神の名前を失念することが恐ろしい」と言い、そこで復唱しておこうと言って「婆女、婆女、婆女、婆女」とつぶやいたのだった。

傍線部をよく見てほしい。これは先に見た『琑砕録』とまったく同じ内容である。実は、太極が調べたのは、『琑砕録』を引用している南宋・周守忠《しゅうしゅちゅう》『養生類纂』だったようである(佐々木：二〇一七)。太極は『養生類纂』に引かれるさまざまな漢籍の知識を主人に伝えるが、主人は結局その中でもっとも通俗的な、釜鳴は婆女というもののけによる怪異であるという知識を信じる。「怪異ではない」と言われるよりも、もののけの仕業だと言われる方がかえって安心なのである。実は「自然の怪」を強調した『白沢精怪図』も明確に鬼神の関与を否定しておきながら、鬼神を想定した釜鳴の鎮圧方法を列記している。結局「もののけの仕業ではない」という解釈は、それほど人々の心情的需要に合っていなかったのである。

時代は下って、怪異に対する理性的な態度が浸透しつつあった近世日本においても、人々は怪異をただ否定することに満足せず、一方ではその神秘性を神事としてありがたがりもした。ただし近世は、もはや純粋に怪異を畏れる時代ではなかった。怪異に対する恐れは諧謔《ユーモア》に昇華され、「妖怪」が生まれてゆくこととなる。

参考文献

岩本篤志「敦煌占怪書『百怪図』考―杏雨書屋敦煌秘笈本とフランス国立図書館蔵本の関係を中心に」（『敦煌写本研究年報』五、二〇一一年）
王祥偉「日本杏雨書屋蔵敦煌文書羽〇四四之「釜鳴占」研究」（『文献』二〇一四年・第四期）
香川雅信『江戸の妖怪革命』（河出書房新社、二〇〇五年）
木場貴俊『怪異をつくる―日本近世怪異文化史』（文学通信、二〇二〇年）
佐々木聡「釜鳴をめぐる怪異観の展開とその社会受容」（『人文学論集』三十五、二〇一七年）

佐々木聡「中国古代・中世の鬼神と自然観——「自然の怪」をめぐる社会史」（山中由里子・山田仁史共編『この世のキワ——〈自然〉の内と外』アジア遊学二三九、勉誠出版、二〇一九年）
佐々木聡「（コラム）釜鳴と鳴釜神事—常ならざる音の受容史」（前掲『この世のキワ』）
高田衛監修、稲田篤信・田中直日編『鳥山石燕画図百鬼夜行』（国書刊行会、一九九二年）
壇上慎二「釜鳴りの再現実験」（『RikaTan』二〇〇九年六月号）
西山克「異性装と御釜」（『日本文学』四十五—七、一九九六年）
藤井駿『吉備津神社』（山陽新聞社、一九八〇年）
村上紀夫『怪異と妖怪のメディア史—情報社会としての近世』（創元社、二〇二三年）

室町から江戸時代まで、河童の歴史をたどる

5 河童

木場貴俊

はじめに

河童は、水にまつわる妖怪(水怪)として、水難事故防止の啓発や商品のマスコットキャラクターにしばしば起用されるなど、現代でもなじみが深い。また、UMA(未確認動物)として、河童を理解する向きもある。それでは、河童の歴史をたどっていくと、どのようなことが見えてくるのだろうか(河童には、多くの名称があるが、本文では基本的に「河童」を用いる)。

1　河童は生物

獺《かはうそ》老いて河童《がはらう》（という者）に成る

これは、室町時代の辞書『下学集《かがくしゅう》』（一四四四年成立）と『節用集《せつようしゅう》』（室町中期成立）のいずれにもある記載である。老いた獺が河童に成る、実は、これが「河童」の現在確認できる初例である。

獺が河童に成るというのは、前近代に通用していた生物の生まれ方「四生《ししょう》」（胎卵湿化《たいらんしっけ》）のうち、化生《けしょう》（Aから全く別のBに化成する）によって生じた、つまり河童が生物であることを意味している。化けて生じた物、すなわち化物である。そのため『節用集』には、生物に関する部門に「術物・妖化物《ばけもの》」や「妖怪」が分類され、後者については「化生物也」という説明もつく。『下学集』『節用集』は、江戸時代にも刊行され、獺―河童や化物・妖怪の項目も引き続き生物に分類された。当時の常識を収載するのが辞書であるならば、河童が化物・妖怪で、しかも生物であったことは常識だった。

河童を生物とする理解は、ほかにも数多くの史料から確認できる。古い事例として、イエズス会宣教師が作成した『日葡辞書《にっぽじしょ》』（一六〇三年刊）がある。

Cauaro.（かはらう　河童）猿に似た一種の獣で、川の中に棲み、人間と同じような手足をもっているもの。

また、大坂の医師寺島良安《てらしまりょうあん》の百科事典『和漢三才図会《わかんさんさいずえ》』（一七一二年序）巻八十の「水獣《かはたろう》」「川太郎　河獣、小児の如し」、公家の柳原紀光《やなぎはらもとみつ》『閑窓自語《かんそうじご》』（寛政《かんせい》年間成立）「肥前水虎語」の「（水虎＝河童は）多力にして姦悪の水獣」など、時期も職分も異なる人々が河童を生物―獣―として理解していた。それは、二代目歌川国輝《うたがわくにてる》「見立三拾六獣相撲合之図」（一八六五年作）に「かっぱ」が描かれるように、幕末でも事例を確認できる。

2　河童は研究対象

生物としての河童は、学問的に強い関心を持たれた。本草学《ほんぞうがく》もその一つである。本草学は、現在の薬学に相当する中国由来の学問で、万物の薬効を探究することから、動植物学・鉱物学・民俗学などを総合した面を持つ。江戸時代に大きく発展した学問で、格物致知《かくぶつちち》（学問を追究して真理を明らかにする）など、思想的に儒学との親近性が強い。

本草学における河童への関心は、大きく二つの段階がある。第一段階として、中国の本草書、特に、李時珍《りじちん》『本草綱目《ほんぞうこうもく》』（一五九六年刊）との比較である。換言すれば、日本の河童は、『本草綱目』虫部湿生類の「水虎」と獣部怪類の「封《ほう》」のどちらと同類なのか、である。

河童の生態に注目した古いものとして、儒学者林羅山《はやしらざん》の『梅村載筆《ばいそんさいひつ》』（一六五七年以前成立）がある。

封は小児の形のごとくあれば、河童の類にや。関東の人はかはつはと云也。豊後国《ぶんごのくに》に多くあり。河中に住んで人をも牛馬をもとる。其形三歳の小児の如く、面は猿に似て身に異毛あり。頂きくぼくして水あれば力つよし、水なければ力をうしなう。或人とらへて是を殺すに、切れども通らず。然るに麻穰《あさがら》をけづりて刺せばよくとをると云伝ふ。

引用部分は、『本草綱目』を元に和漢名対照辞典『新刊多識編《たしきへん》』（一六三一年刊）を編んだ羅山が、封を「河童の類」として説明したものである（『新刊多識編』では、「水虎」を「かわらう」、「封」を「がわたらう」と両説を並立している）。

封も水虎も河辺にいる小児のような物で、羅山は封・水虎＝河童説を主張したが、江戸時代での大勢は水虎＝河童説が占めた。福岡藩儒の貝原益軒《かいばらえきけん》が編んだ本草書『大和本草《やまとほんぞう》』（一七〇九年成立）巻十六獣類「河童」には、「本艸《(草)》綱目蟲部湿生類渓鬼蟲《けいきちゅう》の附録に水虎あり。此《これ》と相似て同じからず。但し同類別種なるべし」とある。『和漢三才図会』でも、良安は、水虎が虫なのは誤りとして、巻四十獣部怪類に移して「水虎の形状、本朝の川太郎の類にて、異同有り」と私見を述べ、隣に「川太郎」の項目を設けている。別に、平住専庵《ひらずみせんあん》著・橘守国《たちばなもりくに》画『唐土訓蒙図彙《もろこしきんもうずい》』（一七一九年刊）巻十四「魚介蟲」の「水虎」も「かはたろう」の和名が載る［❶］。後で紹介する古賀侗庵《こがとうあん》が編んだ河童資料集の名も『水虎考略《すいここうりゃく》』である。

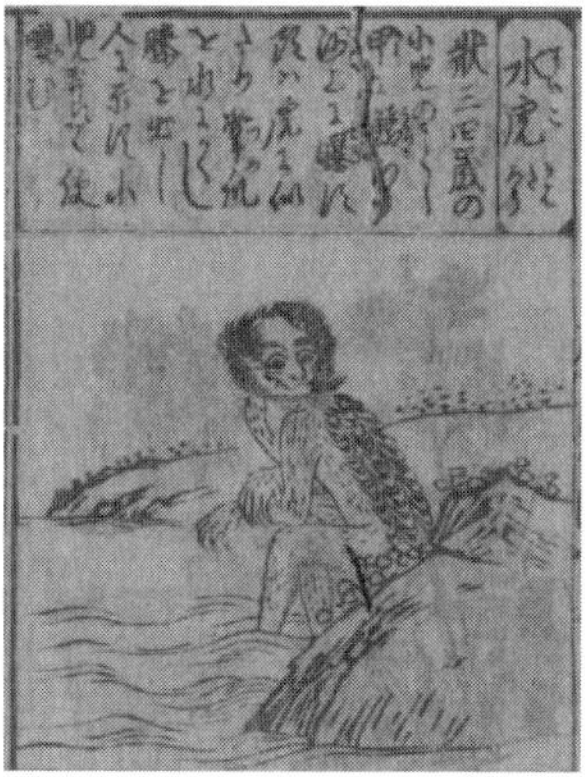

❶『唐土訓蒙図彙』水虎（「水虎」の下に「かはたろう」とある）

第二段階は、河童が棲息する地域への関心である。これは、徳川吉宗《とくがわよしむね》の殖産興業政策が背景にある。江戸幕府は、輸入に頼らない物資の国内生産をめざして、全国の物産調査が実施した。その際、本草学が推奨され、その土地でしか自生しない特産物が注目された。本草学が次第に物産学の側面を帯びる中で、民俗にも関心が持たれていった。また、漢訳洋書の輸入緩和の実施は、蘭学の発展を促し、中国のみならず、西洋との比較を可能にした。

地域への関心に、まず名称（方言）がある。越谷《こしがや》

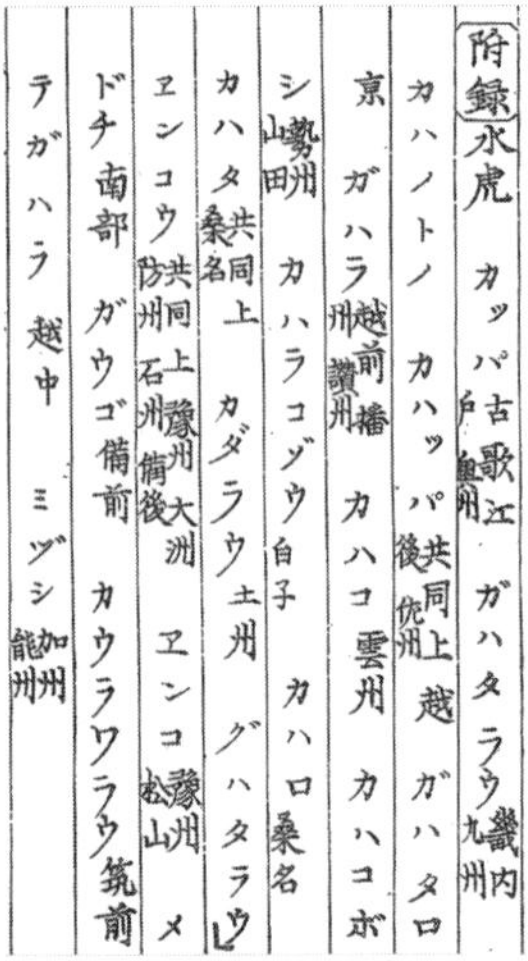
附録 水虎 カッパ 古歌江戸奥州 ガハタラウ 畿内九州
カハノトノ カハッパ 共同上後佐州 越 ガハタロ
京 ガハラ 越前播州讃州 カハコ 雲州 カハコボ
シ 勢州山田 カハラコゾウ 白子 カハロ 桑名
カハタ 共同上桑名 カダラウ 土州 グハタラウ
ヱンコウ 共同上防州石州備後 豫州大洲 ヱンコ 豫州松山 メ
ドチ 南部 ガウゴ 備前 カウラワラウ 筑前
テガハラ 越中 ミヅシ 加州能州

❷『本草綱目啓蒙』水虎

吾山《ござん》『物類称呼《ぶつるいしょうこ》』（一七七五年刊）巻二「川童《がはたらう》」には、「がはたらう・川のとの・川童」（畿内・九州）、「えんこう」（周防《すおう》・石見《いわみ》・四国）、「ぐはたらう・かだらう・えんこう」（土佐）が載る。

さらに、十八世紀後期を代表する本草学者小野《おの》蘭山《らんざん》の講義録『本草綱目啓蒙《ほんぞうこうもくけいもう》』（一八〇三〜五年刊）巻三十八「水虎」には、「カッパ（古歌・江戸・奥州）」「ガハタラウ（畿内・九州）」「ヱンコ（伊予松山）」など各地の名称が列挙されている［❷］。これらの名称を持つ各地の水怪は、本来別の物であったが、学問的営為によって水虎を基に体系化されたのである。

次に生態について、幕府医官の人見必大《ひとみひつだい》は、『本朝食鑑《ほんちょうしょっかん》』（一六九七年刊）巻十「鼈《すつぽむ》」で、水辺でよく人を惑わす「河童」は「大鼈《だいべつ》の所化《しょけ》」、つまり大鼈が化生したものとする一方で、「海西《かいせい》諸国」では「土人の所謂《いはゆる》大鼈に非ずして老獺《ろうだつ》の化する所」だとも述べた。後者は『下学集』『節用集』と同説だが、必大は生活圏である江戸（東）との地域差をこの時期すでに意識していた。

もちろん『大和本草』『和漢三才図会』『本草綱目啓蒙』などにも、河童の生態は詳しく書かれている。その集大成とされるのが、江戸幕府の学問所である昌平黌《しょうへいこう》の儒官を務めた、古賀侗庵によ る『水虎考略』（一八二〇年成立）である。豊後国日田《ひた》（大分県日田市）で代官を務めた羽倉秘救《はぐらやすもり》が作成させた、地元で河童に遭遇した人々への聞き取り調査報告書「河童聞合《ききあわせ》」の存在を知った侗庵が、その詳細な文字情報と図を書写し、さらに各地の河童の図や文献を集積・考察したものである。『水虎考略』は、後に幕府医官の栗本丹洲《くりもとたんしゅう》らに借覧・写本された。その過程で、侗庵は新たな情報を集めて、続編『水虎考略後編』（一八三九年成立）を編んだ。

侗庵は、『水虎考略』を「格致（格物致知）の一端」だと、朱子学的な営為に位置づけた。その一端とは、河童を「天地間の一怪物」と気（万物の基）による生成論で把握し、また「河童聞合」の舞台である北九州は「和柔《わにゅう》」で人も河童も「軟弱」であるのに対し、江戸の風土は「剛勁《ごうけい》」で人も河童も「勇鷙《ゆうし》」だと、物の気質の違いを風土（地域性）に求めたことである。

別に、西洋との関連では、ドイツ人医師のシーボルトと福岡藩主の黒田斉清《くろだなりきよ》による本草学問答『下問雑載《かもんざっさい》』（一八二八年成立）の中で、「我方言に水虎、一名カハタラウ、又カハコゾと云」う「稀《まれ》なる怪獣」について、容姿や手の図を見せながらシーボルトに質問している。シーボルトは図を見て、猿か亀の一種だと答えている。斉清の蘭学指南役で、この問答を記録した安倍龍平《あべりゅうへい》は、後に『安倍氏水虎説《あべしすいこのせつ》』（一八四六年成立）を編み、先の問答や九州の事例を紹介している。また、

❸『日本山海名物図会』豊後河太郎（国立国会図書館デジタルコレクション）

中国の河伯《かはく》のように、河童が川や水の神として祭祀されていることをふまえて、当時の蘭日辞典で「海神」である「ネプテュニュス」（ポセイドン）を「水虎」と訳していることに言及している（廣田：二〇二二）。時代を下るにつれて、河童をさまざまな観点から考察する営みがなされるようになった。

3　河童を描く

河童の図は、十八世紀以降数多く描かれた。河童は、文芸作品にも登場し、キャラクター化していく一方で、河童を実見した人の証言にもとづく「写真図」が、学問的関心や好奇心を刺激した。しかし、その容姿の傾向は、時期によって変化している（小澤：二〇一一・香川：二〇一四）。

現在最古の図とされる『和漢三才図会』「川太郎（川童）」

は、頭頂部に窪みのある猿のような姿で描かれ、『梅村載筆』の記述を髣髴《ほうふつ》とさせる。また、平《ひら》瀬徹斎《せてっさい》『日本山海名物図会』（一七五四年刊）は、日本各地の「価を施して得」て実見した「名物」の図解で、巻三には「形五六歳の小児のごとく、遍身《そうみ》に毛ありて猿に似」た「豊後河太郎」が載る（河童は豊後国の名物という常識が十七世紀からあった）［❸］。カワタロウ・カワロウは関西の呼称で、十八世紀前期までは猿型の河童が基本であった。

しかし、十八世紀後期になると、鳥山石燕《とりやませきえん》『画図百鬼夜行《がずひゃっきやこう》』（一七七六年刊）「河童」［❹］のような、蛙や亀、鼈のような両生類・爬虫類型（以下、亀型）のカッパ（関東の呼称）が描かれだし、十九世紀には主流になっていった。これは、山が少ない代わりに水路が発達した江戸では、猿よりも水棲生物の方がイメージしやすかったことに由来している。

侗庵の『水虎考略』にも、「河童聞合」の猿型以外に、越前や越後、水戸の亀型など、さまざまな形状の「写真図」が載って

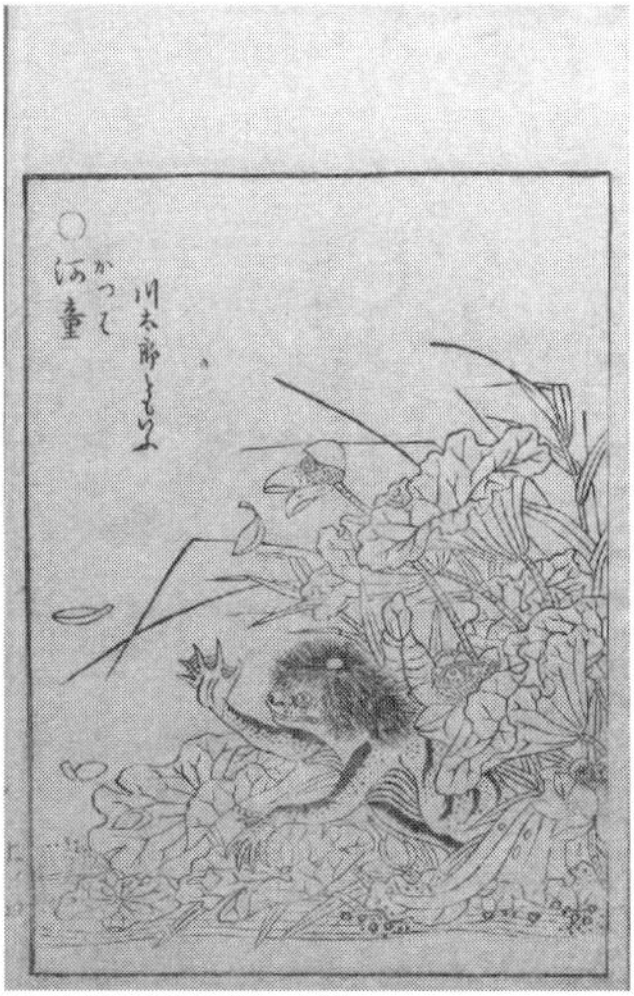

❹『画図百鬼夜行』河童
（The Smithsonian Libraries and Archives）

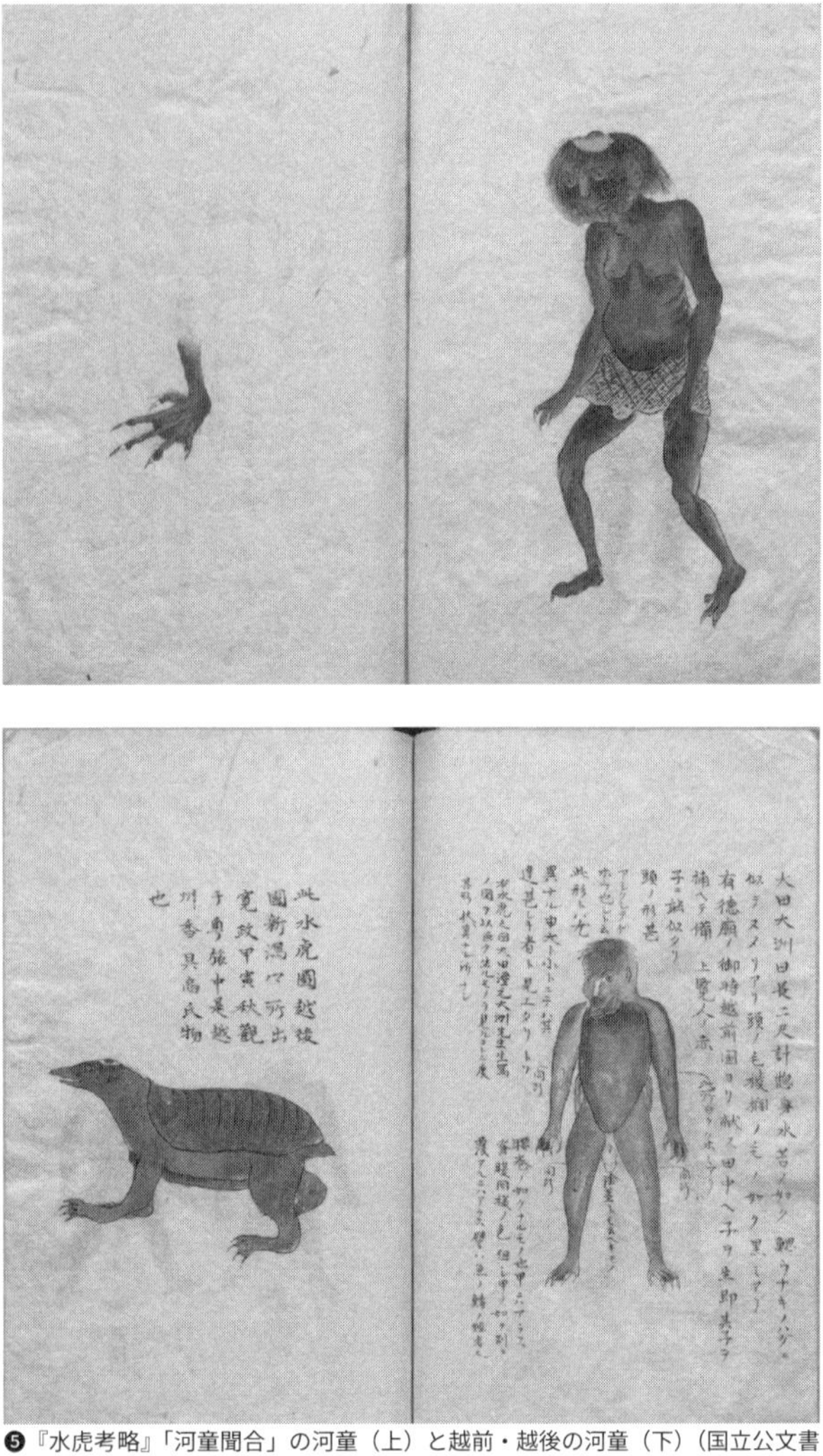

❺『水虎考略』「河童聞合」の河童（上）と越前・越後の河童（下）（国立公文書館デジタルアーカイブ）

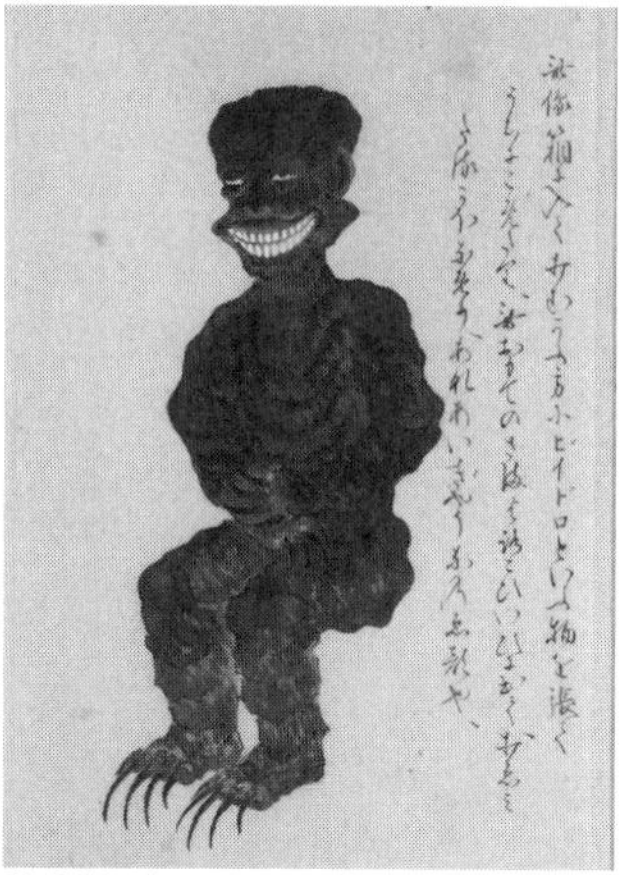

❻『井関隆子日記』河童（河猿）の細工物（昭和女子大学図書館蔵）

いる［❺］。こうした図や情報は、まず知識人たちの間で流通して広まった（『下問雑載』の図も同様）。例えば、旗本の蜷川《にながわ》家文書には河童に関する聞書や図が伝存し、そのうち「河童之由来」は、寛政二年（一七九〇）五月二十八日に小納戸《こなんど》土屋伊賀守の家臣平野尚賢《ひらのなおかた》が遭遇した河童の細工物と由来を書写したものである。この細工物は後年、旗本井関親興《いせきちかおき》の後妻隆子《たかこ》も見ている（一八四〇年十月三日の日記）［❻］。これらは、刷り物などを通して、庶民層にまで拡散・受容されていった。

4　河童信仰

柳田国男は、河童を水神が零落したものと規定した（『妖怪談義』など）。これは、ハイネ『諸神《しょしん》流竄記《りゅうざんき》（流刑の神々）』や意味不明な伝承・慣習を前時代の「残存」とみなす人類学の文化進化論から立てられた仮説であった（柴田：一九七六、香川：二〇一三）。しかし、河童自体、江戸時代に信仰・祭祀されていた。

　北九州を中心に河童（水神）信仰で活動した渋江氏がいる（小馬：二〇〇六、毛利：二〇二二）。渋江氏は、雨乞い・火伏《ひぶ》せ・水上安全・田地川筋《でんちかわすじ》水道安全など水に関わる祈祷を行い、護符や神水を配った。『和漢三才図会』巻八十にも、長崎の渋江文太夫がよく「水虎を治め」、渡河での河童除けの札を出したとある。馬渡俊継《まわたりとしつぐ》『九州治乱記（北肥戦誌）』（一七二〇年序）巻十六「渋江家由来の事」には、橘諸兄《たちばなのもろえ》の子孫、兵部大輔島田丸《ひょうぶだいふしまだまる》が春日社造営の奉行となり、部下の内匠頭《たくみのかみ》が作業用に人形を作った。しかし、社が完成した後、人形は河に捨てられてしまった。人形は勝手に動き出し害をなすようになった。これが「今の河童」で、島田丸は害を収めるために、称徳《しょうとく》天皇が下した詔《みことのり》を河中で触れ回ったところ、「河伯の禍」はなくなった。以来、河童（河伯）は「兵《ひょう》主部《すべ》」（主は兵部という意味）と呼ばれ、橘氏の眷属《けんぞく》になった。その後、九州へ渡った子孫が後の渋江氏であるという。これは、いわゆる河童人形起源譚で、ヒョウスベは北九州の水怪の呼称である（中国の河伯と河童がいつどのように同一視されたのかは未明）。

　そして、熊本県菊池市の天地元水《てんちげんすい》神社を祀る渋江公昭《きみあき》家（肥後渋江氏）には、延宝《えんぽう》三年（一六七五）の「兵部に約束せしお忘なよ川立男氏は菅原」の歌が記された呪符が伝わる。これは、川を渡る際の河童除けの呪歌で、兵部は島田丸、菅原は九州に左遷された文官で、死後に神として祀られた菅原道真《すがわらのみちざね》を指す。「川立」について、後年の饒田喩義《にぎたあつよし》『長崎名勝図絵』（文政年間成立）巻一「水神社《すいじんのやしろ》」（渋江文太夫が承応《じょうおう》年間に建立）の「川立神祠《かはだちのかみのやしろ》」は、橘氏の祖である栗隈王《くりくまのおほきみ》に仕えた河童を祀ったもので、先の人形起源の「水魅《すいみ》」を崇めて「川立の神」や「兵統良神《へうすべらがみ》」と称し、「橘兵部大輔筑紫へ下り来る時春日よりして水神の御璽《ぎょじ》を捧げ来るに川立もまた従」ったとある。川立は、水泳のうまい人の意味（『醒睡笑《せいすいしょう》』など）もあるが、ここでは河童（兵統良）を指すのだろう。

この呪歌は、『和漢三才図会』（「いにしへの約束せしを忘るなよ川たち男氏は菅原（巻四十「川太郎」）」「ひやうすへに川たちせしを忘れなよ川たち男我も菅原（巻八十「肥前国兵揃村菅原大明神」）」）や菊岡沾涼《きくおかせんりょう》『諸国里人談《しょこくりじんだん》』（一七四三年刊）、根岸鎮衛《ねぎしやすもり》『耳嚢《みみぶくろ》』（一八一四年成立）などに載るほど、十八世紀には広く知られていた。

また、高知県南国市稲生《なんこくしいなぶ》の河童（エンコウ）を祀る河伯神社は、本来「漂須部《ひょうすべ》明神社」（一七六三年の棟札）だったことが判明している（梅野：二〇一五）。ヒョウスベは海を越えて信仰されていた。

江戸時代の河童は、稀なる怪獣でもあり、信仰の対象でもあった。その位置づけは、近代的学知の影響を受けながらも、今なお機能している。

参考文献

梅野光興「妖怪譚―土佐の河童伝承を事例として」（斎藤英喜編『神話・伝承学への招待』思文閣出版、二〇一五年）
小澤葉菜「「河童」のイメージの変遷について―図像資料の分析を中心に」（『常民文化』三十四、二〇一一年）
香川雅信「妖怪の思想史」（小松和彦編『妖怪学の基礎知識』角川学芸出版、二〇一三年）
香川雅信「河童イメージの変遷」（常光徹・国立歴史民俗博物館編『河童とはなにか』岩田書院、二〇一四年）
木場貴俊「河童」（『怪異をつくる―日本近世怪異文化史』文学通信、二〇二〇年）
小馬徹「「河童信仰の歴史研究」序説―「氏は菅原」呪歌とヒョウスベ再考」（『歴史民俗資料学研究』十一、二〇〇六年）
柴田実「柳田国男とハイネの「諸神流竄記」」（『日本民俗学』九十四、一九七六年）
中村禎里『河童の日本史』（筑摩書房、二〇一九年、初版一九九六年）
廣田龍平「妖怪の文化」（『妖怪の誕生―超自然と怪奇的自然の存在論的歴史人類学』青土社、二〇二二年）
毛利龍一「河童をヒヤウスベと謂うこと」（小松和彦編『怪異の民俗学三　河童』河出書房新社、二〇二二年、初出一九一四年）

6　一目連《いちもくれん》——情報の連鎖と変容

村上紀夫

はじめに

一目連《いちもくれん》は、『改訂・携帯版日本妖怪大事典』『日本怪異妖怪事典　近畿』などの妖怪事典類に掲載されている。とはいえ、解説を読めば「三重県桑名《くわな》市でいう暴風の神」（村上・水木：二〇〇五）と明確に「神」だと書かれている。一目連は今も桑名市にある多度《たど》神社では、本社に付属して祀られる特別な由緒のある摂社《せっしゃ》として祀られている［❶］。多度社では正真正銘の神様なのである。

妖怪事典にも掲載される「神」とは、どのような存在なのだろうか。

❶多度大社別宮（photoAC）

1　十七世紀文献に見える一目連

まずは、一目連について書かれた最初の記録を見よう。明暦《めいれき》二年（一六五六）に津藩郡奉行《つはんこおりぶぎょう》の山中為綱《やまなかためつな》が書いた『勢陽雑記《せいようざっき》』（早稲田大学図書館蔵）の記事である。桑名城普請にあたって、城の扉に使うために多度神社境内の神木伐採を城主が命じ、中江清十郎という人物が制止されたにもかかわらず、問答無用で伐採を強行したときのことだ。

　此夜一目連光を放ち、清十郎居所に来り、姿を山伏に現し清十郎一家を取り毀《こぼ》ち、其の後洪水出て中江時《(ママ)》清十郎屋敷木曽川《きそがわ》と成り（下略）

ここでは、一目連が山伏の姿になって神木を伐採した清十郎のもとにあらわれ、その屋敷を破壊したのみならず、それから間もなく洪水が発生して屋敷は木曽川に流されたという。どうやら、多度の神木を伐採した罰を一目連が下したということのようだ。

津藩といえば、現在の三重県津市に置かれた藩であり、著者山中為綱がつとめていた郡奉行とは、郡単位で徴税や行政・司法などを担当するポスト。地域社会に密着した業務だから、真偽はともかく、近隣の桑名藩をめぐる噂を耳にする機会はあっただろう。

次に一目連のことが記される文献は、元禄《げんろく》二年（一六八九）に刊行された怪談集『本朝故事因《ほんちょうこじいん》縁集《ねんしゅう》』である。

五十六　美濃国一目連
濃州《のうしゅう》田戸《たど》権現《ごんげん》ニ一目連ト云神アリ。国中ヲ光廻給《ひかりめぐりたまう》、其光甚明也。
評曰、神ノ光廻ハ邪神ナリ。真ノ神ノ光ハ凡人ノ目ニハ不見《みえず》。古今珍キ事ナリ。

一目連について、強い光を発して移動する神であるとする。「評」では、発光して移動するのは邪神であり、本当の神の光は目に見えないものなのだが、一目連の光は見える。これは「古今珍キ事」であると記している。つまり、「真ノ神」であるにもかかわらず、凡人の目に見える光を発することが珍しいと言っているわけだから、一目連とは「真ノ神」とみなされていることは疑いない。

『本朝故事因縁集』では、「田戸権現」＝多度社を伊勢ではなく美濃と書き誤っているので、現地調査の成果とは考えにくく、何らかの伝聞によって書かれたものであろう。重要なのはこの『本朝故事因縁集』が各地の怪談・奇談を集めたものであり、一目連も特定の地域と結びついた「神」であったということである。

それから約三十年後の宝永《ほうえい》四年（一七〇七）ころ、三河で書かれた地誌の『絵入三河雀《えいりみかわすずめ》』には、「北伊勢多戸山《たどやま》に、一目連とて、荒き神立給《たちたま》ふ。夜は畳二畳敷ほど成《なる》丸き光物と化し、虚空を飛行し給ふ」とある。

また、十七世紀から十八世紀初頭の段階では、一目連は山伏の姿に変えて現れたとあり、あるいは単なる光として表現される。その正体は具体的な姿をもたないこと、さらにいえば、「一つ目」というような記述はまったく見えていないことを確認しておこう。

2　百科事典に掲載される

一目連イメージの画期となるのが正徳《しょうとく》二年（一七一二）に刊行された百科事典『和漢三才図会《わかんさんさいずえ》』

の登場である。これは寺島良安《てらじまりょうあん》という医師によって書かれた全一〇五巻からなる大部の絵入りの事典である。和漢の万物を諸書を博捜して記したものだ。この書物の気象現象について記した巻三「天象類」にある「風」の項に含まれる「颶《うみのおほかせ》」に寄せられた著者寺島良安の考察には次のように書かれている。

△按《あん》ずるに勢州《せいしゅう》・尾州《びしゅう》・濃州・駿州《すんしゅう》不時《ふじ》の暴風至る有り、これを一目連と俗称す。（中略）勢州桑名郡多度山《たどさん》に一目連祠《ほこら》有り。相州これを鎌風《かまかぜ》と謂《い》い、駿州これを悪禅師《あくぜんじ》の風と謂ふ。相伝えて云う、其の神の形人のごとく褐色の袴《はかま》を着すと云々。蝦夷松前は臘月《ろうげつ》厳寒にして晴天に凶風有り（中略）俗にこれを鎌閉太知《かまえたち》と謂う（中略）〈これ一目連と似て同じからず、皆悪風なり〉

ここで、寺島良安は、伊勢の多度山に一目連の祠があることや伊勢・尾張・美濃・駿河といった東海圏で不意に発生する暴風を「一目連」ということを記している。そこまでは、従来の伊勢地方と結びついた中心とした気象現象として論じているのだが、興味深いのが、これを他地域の鎌風や悪禅師風、鎌閉太知などの風をともなう現象との類似を指摘していることである。ある気象現象を東海では一目連と俗称しているが、他地域では別の呼び方をするとしたことで、特定の地域と結びついた固有の奇談ではなく、普遍的に存在する現象へと変わっていったことになる。ただ、気象現象として合理的に解釈するにとどまらず、悪禅師の風を「其の神の形人のごとく褐色の袴を着すと云々」と記し人のような姿をした神による行為と理解する余地を残した。

もう一つ重要なのが、この記事が百科事典に書かれているという事実である。同じような記事内容であっても、地誌や奇談集のような読み物と和漢の学知を集成した百科事典とでは読み手の受け止め方は同じではない。百科事典の記事はそれ自体が知的な権威を持つ。地誌や奇談集と異なり、何か知りたいことがあったときに参照されるのが百科事典である。見馴れない気象現象が発生したときに、それを解釈する知を求めて手に取られる。

これにより、一目連は、その神を祀る多度神社の影響圏である東海地方との結びつきから解き放たれ、他地域でも同様の強い風をともなう事象が発生したときの説明原理として使うことができるようになったのである。

事実、享保《きょうほう》十九年（一七三四）に近江国膳所《おうみのくにぜぜ》（現・滋賀県大津市）で局地的な突風被害が発生したが、このときには「去る比《ころ》、江州膳所領大風、俗に一月《（ママ）》連風と云ふ由なり」とされた（『月堂見聞集《げつどうけんもんしゅう》』）。これは、どうやら膳所藩の儒者であった寒川辰清《さがわたつきよ》が『和漢三才図会』にもとづいて解釈をし、それが広く受け入れられていたようなのだ。『和漢三才図会』の情報が権威を持っていたこと、さらに多度や東海圏を離れて突風被害の説明に採用されるようになっていたことがわかるだろう。

3　多度社の公式情報

ここまでは、一目連について記された文献の記述を中心に見てきた。それでは、多度社の側がどのような認識を持っていたのか。多度社周辺の情報発信について見ておこう。

実をいえば、戦国時代を経た十七世紀の時点では、多度社の祭神がわからなくなっていたらしい。主祭神がわからないくらいだから、摂社の一目連の正体などなおさらである。

一目連社については『勢桑見聞略志《せいそうけんもんりゃくし》』には、「多度権現ノ臣下ト云《いい》、又山ノ狗賓《ぐひん》ノ名ニテ是地主神ナリと云」とあるから、一目連とは多度社の臣下だ、天狗（狗賓）の名前だ、地主神だと多様な解釈が入り乱れていた。

まずは多度社の祭神を確定させる必要がある。宝永年中（一七〇四〜一七一一）に祭神を確定するために多度社から「山田并宇治」の神職に問い合わせたところ、伊勢神道の神学に沿って、アマテラスの玉から誕生した神のうちの一柱に比定された。それにともなってなど解釈が一定していなかった一目連は、「天津彦根命《あまつひこねのみこと》ノ御子ニシテ伊勢ノ忌部《いんべ》氏《し》ノ祖神」である天目一箇命《あめのまひとつのみこと》とされたのである。そう、一目連を天目一箇命とするのは、十八世紀になって伊勢神学にもとづいてなされた設定なのである。

この解釈が多度社によって採用され公式見解となると、その後は神道学の書物や地誌類など多数の書物で、多度社一目連を天目一箇神とする解釈が掲載されるようになった。

祭神決定がなされた宝永年間といえば、全国から伊勢への群参が相次いだ宝永二年（一七〇五）のお陰参《かげまい》りの時期と重なる。関東方面から東海道を経て伊勢に参詣するなら、多度神社が鎮座する桑名へは必ず立ち寄ることになろう。多度社も、伊勢への参詣者が立ち寄ってくれれば、賽銭などの収入増が見込めるから積極的な情報発信をしていただろう。

4　香具師《やし》による便乗

十八世紀初頭の伊勢参りの時期、多度社は祭神について整理をして公式見解をまとめ情報発信をする。多度社への参詣者が増えれば、当然ながら個性的な信仰をもつ摂社の一目連社への関心も高まるだろう。とはいえ、それだけなら多度社の懐が潤うだけに過ぎない。そこで、一つ便乗して自分たちも儲けてやろうと考える手合いも現れた。

時代は大きく下がるが、面白いのは仏教学者の和田《わだ》徹城《てつしろ》が書いた大正七年（一九一八）刊の

『淫祠《いんし》と邪神』（和田：一九一八）に見える次の記事である。

多度の一目龍《いちもくりゅう》は、神宮寺の神官が神通第一の目連が龍を使役して雨を降らせることから思ひ付て、一目龍を云ふ名を作り、桑名の香具師の元締と結託して、諸国に散在する香具師をして雨乞の霊験を吹張させ、その報酬として香具師の元締の家から祈祷に使用する供物を買はせることにした。この香具師の家は井口屋と云つて両者の関係は今も尚ほ持続し、仮令他人《たとえたにん》が供物を納める場合でも、必ず井口屋の遺族に利得の割前《わりまえ》を出してその許可を得ることになつて居る。

江戸時代には、多度社に関係する寺院で、一つ目の龍が雨を降らせるという話を創作して、祭礼などで客を集めて商売をする露天商である香具師の元締めに霊験を広めさせたのだという。

この史料は大正期のものだから、眉にツバをつけたいところなのだが、興味深いことに十八世紀半ばの『市井雑談集《しせいぞうたんしゅう》』や後半に書かれた旅行家百井塘雨《ももいとうう》による『笈埃随筆《きゅうあいずいひつ》』に一目連社を一つ目の龍とする記述が現れる。『笈埃随筆』には、「一目の竜なるよし、此神毎月十八日には楫取の清泉寺といふに入る事あり」とあり、龍となった一目連は近隣の寺院に入るという。これは、寺院側が評判の一目連とのつながりを発信しようと創作したように思えてならない。和田が伝えた話というのも何らかの事実を伝えているのではないだろうか。

5　一目連像の拡大

こうして一目連像は十八世紀に多様化していくことになる。もともとは地域と結びついた気象現象を神格化したものだった。在地信仰に支えられた神格だから、本来なら地域を離れることはないだろう。ところが、百科事典に掲載された情報となることで、地域との結びつきから解き放たれて、広く各地で激しい気象現象を解釈する原理として一目連が浮上する。言わば地域と結びついたローカルな一目連像から自由になり、各地で発生した現象を解釈する際に適合した一目連像を作ることができるようになったのである。

一方で、神社側は公式見解として一目連を天目一箇命と設定し、積極的に発信をする。ところが、一目連像が公式見解に収斂《しゅうれん》することにはなかった。便乗して仏教的な解釈に合致するような龍として語るような人々が現れたからである。

天目一箇神という公式見解は、むしろ一つ目といったイメージを作りだし、一つ目の龍という印象的な造形を生み出す契機ともなろう。その後、一目連は「一つ目」として語らえることが多くなる。

百科事典に掲載され、あるいは神社の公式見解として、〝情報〟となったことで、一目連は在地社会から離れて、多様な解釈を許すようになった。十九世紀には、一目連は上田秋成の小説などの創作にも採用され、さらなる展開を遂げていくことになる。一目連が妖怪として捉えられるようになるのは、その延長線上にあるといえよう。

参考文献

朝里樹監修、御田鍬・木下昌美著『日本怪異妖怪事典　近畿』（笠間書院、二〇二二年）

村上健司編著・水木しげる画『改訂・携帯版日本妖怪大事典』（角川文庫、二〇〇五年）

村上紀夫『怪異と妖怪のメディア史―情報社会としての近世』（創元社、二〇二三年）

和田徹城『淫祠と邪神』（博文館、一九一八年）

祥瑞か、凶兆か、狐か、美女か

7　九尾狐

佐野誠子

1　祥瑞・凶兆であった九尾狐

九尾の狐に関する記載は、古くは戦国秦の呂不韋《りょふい》が編纂させた諸家の学説を集めた書である『呂氏春秋《りょししゅんじゅう》』や古代中国の地理書である『山海経《せんがいきょう》』にみられ、『呂氏春秋』ではめでたい存在として、また、『山海経』では、凶兆性を孕《はら》んだ存在として描写される。

禹《う》年三十にして未だ娶《めと》らず、塗山《とざん》に行き、時暮《おそ》く嗣《し》を失うを恐る。辞《じ》に曰《いわ》く「吾《われ》の娶《しゅ》は、必ず応《おう》有るなり」と。すなわち白狐の九尾なる有りて禹に造《いた》る。禹曰く、「白は、吾が服《ふく》なり。

九尾なるは、其《そ》の証なり。」と。

（『芸文類聚《げいもんるいじゅう》』巻九十九祥瑞部・狐所引『呂氏春秋』佚文《いつぶん》）

青丘《せいきゅう》の山、其の陽《みなみ》玉多し、其の陰《きた》青多し。獣有り、其の状狐の如くして九尾あり、其の音嬰《えい》児《じ》の如く、能く人を食らう。食する者蠱《こ》ならず。

（『山海経』巻一南山経「青丘山」）

漢（紀元前二〇六～二二〇）代以後、神秘思想として各種予言をしるした讖緯《しんい》思想の流行によって、九尾狐の出現は、祥瑞である性質が強くなっていった。

徳　鳥獣に至れば、則ち鳳凰《ほうおう》翔《か》け、鸞鳥《らんちょう》舞い、騏驎《きりん》臻《いた》り、白虎《びゃっこ》到り、狐は九尾なり。

（『白虎通』巻下封禅《ほうぜん》篇）

とあるがごときである。

この傾向は歴史書でも同様である。歴史書の中には国家レベルの災異の記録である五行志《ごぎょうし》という部分があり、その中には、多くの禽獣に関連した災異の記載があるが、『漢書《かんじょ》』から『宋書《そうじょ》』の五行志にかけては、九尾の狐の記載がないだけではなく、いかなる狐の出現についてもしるされていない。九尾狐は、災異（凶兆）とはみなされていなかったのだろう。その一方で、『宋書』には、五行志以外に、符瑞志《ふずいし》があり、周代から南朝宋までの間に出現した祥瑞の記録が集められている。その中には、三条の九尾の狐の出現の記録がある。

九尾の狐、文王之を得て、東夷《とうい》帰す。（『春秋元命苞《げんめいほう》』等の讖緯《しんい》書）

（後）漢章帝元和《げんわ》（八四～八八）中、九尾の狐郡国に見《あら》わる。（『東観漢記《とうかんかんき》』、『古今注《こきんちゅう》』）

魏文帝黄初《こうしょ》元年（二二〇）十一月甲午《こうご》、九尾の狐鄄城《えんじょう》に見われ、又た譙《しょう》に見わる。（『魏略《ぎりゃく》』）

括弧内の書名は『宋書』符瑞志以前の文献記載である。

さらに、中国南北朝時代の北朝北魏（三八六～五三五）の歴史書『魏書《ぎしょ》』には、五行志と符瑞志を合わせ持った性格の霊徴志《れいちょうし》がある。その中には、多くの九尾狐と白狐が祥瑞として出現した記録があり、北魏高祖太和《たいわ》二年（四七八）から北周武定《ぶてい》三年（五四五）の間に、全七回の九尾の狐の献上と、全十八回の白狐の献上の記載がある。

高祖太和十年（四八六）三月、冀州《きしゅう》九尾の狐を獲りて以て献ず。王者六合一統則ち見《あら》わる。

周文王時、東夷　之に帰して曰く、「王者色に傾むかざれば則ち徳至り、鳥獣も亦た至る。」と。

（『魏書』霊徴志）

この記載からは、ここの九尾の狐は、北朝の国家の持っていた南下して天下を統一したいという欲望が読み取れる（浄：二〇一二）。当時、北朝の人々は南朝国家の祥瑞説を参考に、懸命に九尾狐や白狐の出現を報告したのである。

唐代の歴史書（『旧唐書《くとうじょ》』および『新唐書《しんとうじょ》』五行志）中にも狐を献上した記録があるが、因果の説明がないため、その背後にある意味を知ることができない。そして、『宋史』以降の歴史書の五行志では、狐に関する記載は完全に消失してしまう。

ちなみに日本においては、『延喜式《えんぎしき》』において、『山海経』の記述にもとづいた九尾狐の記載はあり、六国史《りっこくし》などの歴史書では、狐の出現は記載されるものの、九尾の狐の記載は一切ない。結局のところ九尾狐は、想像の産物であり、現実生活の中では九尾の狐は発見できないのである。

そもそも五行志の中における動物の凶兆は、身体の奇形などが主な内容であり、角が生えた犬や、五本足の牛などの出生の記事である。また符瑞志にあらわれる動物は、白や赤などの普通とは違う色の動物の出現が主な内容となっている（先の白狐もその中に含まれる）、この種の異常は、現実世界の中でもあらわれ得るものである。

狐とヒトの生活環境は近く、普通にみられる動物である。そのため、次節で説明するように六《りく》朝《ちょう》志《し》怪《かい》からは、多くの狐の故事がある。狐たちは悪事を働くのであるが、国家の大事とは関わりをもたない。

2　美女（悪女）の狐

中国六朝（南北朝）時代になると、五行志のような国家レベルの災異ではなく、身近な怪異をしるした志《し》怪《かい》が書かれるようになる。博物志怪に分類される晋・郭璞《かくはく》『玄中記《げんちゅうき》』には、人口に膾《かい》炙《しゃ》した長寿の狐の魔力についての記載がある。

狐五十歳にして、能《よ》く変化して婦人と為る。百歳にして、美女と為り、神巫《しんふ》と為る。或いは丈夫《じょうふ》（男）と為りて、女人と交接す。能く千里外の事を知り。蠱魅《こみ》を善くす。人をして迷惑させ智を失なわしむ。千歳なれば即ち天と通じ、天狐と為る。

（晋・郭璞『玄中記』）

六朝志怪の中では、狐が美人に化けたという実際の記録は『捜神記《そうじんき》』の「阿紫《あし》」一条だけである。「阿紫」以降、六朝志怪中では、多くの狐の記録があるが、狐が女に化けたという描写はないのだ。前節で取り上げた五行志の記録では、『魏書』霊徴志がはじめて悪い狐の出現を記録している。

高祖太和元年（四七七）五月辛亥《しんがい》、狐魅《こみ》の人髪を截《き》る有り。時に文明太后《ぶんめいたいこう》朝に臨み、多く不正を行うの徴《しるし》なり。

粛宗熙平《しゅくそうきへい》二年（五一七）、春自《よ》り、京師に狐魅の人髪を截る有り、人相驚き恐る。六月壬辰《じんしん》、霊太后　諸の髪を截る者を召し、崇訓衛尉《すうくんえいい》劉騰《りゅうとう》をして之を千秋門外に鞭《むち》うたしむ、事は太和に同じなり。

（『魏書』霊徴志）

この二条の狐の出現は、どちらも太后（皇帝の母親）が政治を担当したことと関連しており、女性権力への牽制の心理がみてとれる。また後者の記録は、『魏書』よりも成立が早い北魏の都洛陽にまつわる逸話を紹介した書である東魏・楊衒之《ようげんし》『洛陽伽藍記《らくようがらんき》』にもみえる。この条は、また、『捜神記』「阿紫」以来のはじめて狐が美女に化けた描写でもある。このことからは、当時の筆記と歴史書の類似点をみてとれる。これ以外にも北斉の後主《こうしゅ》のとき、府門《ふもん》の子どもの足跡について、狐がつけたものだとみなされたという記述が筆記にみられる（『太平広記《たいへいこうき》』巻四四七狐、出処は『談《だん》藪《そう》』）、同じ記事は『隋書《ずいしょ》』五行志にもみられる。しかし、このような状況は、長くは続かなかった。

唐代以降も多くの狐が美女に化けた記録がある。その中でも宮殿にあらわれた狐の記録が目を引く。例えば、菩薩だと自称する女性が武則天《ぶそくてん》に面会し、のちに和尚にその真実の姿を見破られ、菩薩は雌狐になって、階段を降りてどこかに逃げていってしまったという事件である。これは、志怪である唐・戴孚《たいふ》『広異記《こういき》』（『太平広記』巻四四七狐「大安和尚《だいあんおしょう》」）にみえるが、歴史史料には記載がない。そのほか、唐代の宰相李林甫《りりんぽ》の面前に玄《くろ》い狐があらわれる凶兆の記録も筆記である唐・張読《ちょうどく》『宣室志《せんしつし》』にみえる（『太平広記』巻四五一狐「李林甫」）。『魏書』霊徴志で、都市にあらわれる妖しい狐が記録されたあと、唐代は、宮殿のみならず、重要な人物の前にも狐があらわれた。また、美女に化ける狐の話も唐代伝奇沈既済《しんきせい》「任氏伝《じんしでん》」をはじめとして多く作られた。しかし、これらは歴史書に記録する価値はないとされたのだった。

3　九尾狐と妖狐の結合

北朝と唐初の妖狐は九尾ではなかった。だいたい中唐時期前後に九尾狐は、妖狐のイメージを代表するようになり、また殷《いん》の紂王《ちゅうおう》の后である妲己《だっき》のイメージとも結合した。妲己と妖狐の融合についてさかのぼれる最古の文献は、唐・白居易《はくきょい》の新楽府《しんがふ》である。

女　狐媚《こび》と為りて害即ち深し、日長く月増し人心に溺《おぼ》る。
何を況《いわ》んや褒妲《ほうたつ》（褒姒《ほうじ》と妲己。褒姒は西周の幽王《ゆうおう》の后として西周を破滅に追い込んだ）の色善く蠱《こ》惑《わく》され、能く人家を喪《うしな》い人国を覆《くつがえ》す。
君看《み》よ害を為す浅深の間《かん》、豈《あに》将に仮色《かしょく》　真色《しんしょく》と同《とも》にせん。
（白居易「新楽府・古塚《こちょう》狐――艶色《えんしょく》を戒める也」部分）

白居易が狐と悪后を何によって結びつけたのかは今となってはわからない。しかし、そのあと日本のおよび日本にのみ残る中国典籍でも妲己が九尾狐由来だという記載がみられるようになる。

狐媚変異《こびへんい》、多く史籍に載る。殷の妲己、九尾の狐と為る。
（大江匡房《おおえのまさふさ》『狐媚記《こびき》』）

太公召公に謂《い》いて曰く「紂の国を亡《うしな》い家を喪《うしな》うは、皆此の女に由《よ》る。之を殺さざれば、更に何時に神ならん。」と。乃ち以て之を碓剉《たいさ》（手足を切り落とす）して、即ち変じて九尾の狐狸《こり》と作《な》るなり。

（『千字文《せんじもん》』上巻「周発殷湯」李暹《りせん》注）

平安時代の漢学者大江匡房《おおえのまさふさ》（一〇四一〜一一一一）が著わした『狐媚記』の前半五条は、平安宮にあらわれた妖狐の記載であり、そのあとに、大江は「嗟呼《ああ》、狐媚の変異、多く史籍に載る、殷の妲己、九尾の狐と為り、任氏《じんし》の人妻と為りて、馬嵬《ばかい》に到り、犬に獲《と》らるるところと為る。或いは鄭を破り業を生じ、或いは古塚の書を読み、或いは紫衣《しい》を為して公県《こうけん》に到り、其の女屍を許す」とする。ここからすれば、六国史以降の平安宮中でもよく狐の怪異はあらわれていたこととなる（小峯：二〇〇六）。その出現の様子は、

康和《こうわ》三年（一一〇二）、洛陽《らくよう》（ここでは平安宮を指す）大いに狐媚の妖有り、其の異一《いつ》に非ず。初め朱雀門前に於いて羞饌《しゅうせん》の礼を儲《もう》け、馬通（糞）を以て飯と為し、牛骨を以て菜と為し、次《つ》いで式部省《しきぶしょう》後及び王公卿門前に設《もう》く。世　之を狐の大饗《だいきょう》と謂う。

（大江匡房『狐媚記』）

等と、六国史の簡単な記載とは違った詳しい描写がある。大江が参考にした中国典籍は歴史書で

はなく、筆記や『千字文』だったということなのだろうか。

『千字文』は漢字を学ぶ基本書であり、漢学の初学者向けの書として幼学書と呼ばれる。注釈者の李暹《りせん》は中国五代（十世紀）の人であるが、生没年は不詳で、その説の成立時期も不明である（堀：二〇一五）。この李暹注の『千字文』は日本にのみ残るものである。

この妖狐が妲己であるという言い方は、日本でも広く流伝し、平安時代以降の『唐鏡《からかがみ》』、『平家物語』（八坂本《やさかぼん》）などの書籍でも関連する記載をみることができる。ただし九尾の狐であるとは書かれていない。

九尾の狐は現実には存在しない動物であるため、歴史書中の記載は少ない。妖狐の現象自体は史書から排斥されて、筆記の中にだけ生き残った。そのとき、妲己を妖狐とみなして、彼女の妖異性を増し、さらに九尾としたのであった。このほか、中国では北宋時代（九六〇～一一二六）にも九尾狐が人に化けた記載がある。ただし、周の武王《ぶおう》が殷の紂王《ちゅうおう》を討伐する武王伐紂の物語が流布するときに、妲己が九尾狐であるというイメージが人々に強烈な印象を与え、南宋（一一二七～一二七九）以降は、中国では妲己以外に九尾を持つ狐はいなくなってしまった。

４　玉藻前の九尾化

❶『たま藻のまへ』2巻　二尾の玉藻前（京都大学貴重資料デジタルアーカイブ）

玉藻前《たまものまえ》は、鳥羽《とば》上皇（一一〇三〜一一五六）に近づき、寵愛を受けるが、狐である正体をばらされ、那須野《なすの》（現在の栃木県）で退治される。これが日本中世の御伽草子『玉藻前』のあらすじである。ただその姿は九尾ではなく二本の尾となっている［❶］。

『玉藻前』においても玉藻前の正体を見破った陰陽頭泰成《おんようのかみやすなり》が、口上として下野国《しもつけのくに》那須野の狐であった前に天竺《てんじく》（インド）では、班足王《はんそくおう》の妻として、中国では、殷の紂王の后妲己であり、周幽王の后褒姒であったことを述べている。それが江戸時代になって『勧化白狐通《かんげびゃっこつう》』（明和《めいわ》三年〈一七六六〉）や『悪狐三国伝《あくこさんごくでん》』（江戸後期）、『三国妖婦伝《さんごくようふでん》』（文《ぶん》化《か》元年〈一八〇四〉刊）となり、天竺・中国の部分が物語として増補される。そのような中、改めて

❷『絵本三国妖婦伝』九尾の妲己（国文学研究資料館蔵）

中国の武王伐紂物語に登場する妲己が九尾狐と結びついて、玉藻前も九尾化した［❷］。これについては、古くは、曲亭《きょくてい》（滝沢）馬琴《ばきん》の『燕石雑志《えんせきざっし》』（文化七年〈一八一〇〉刊）が考察している。先に平安時代に九尾狐が妲己であるとの記述が日本の文献にみられることを指摘したが、そこから直接九尾化したわけではなさそうなのである。

そして、明治時代になると、岡本綺堂《おかもときどう》が『玉藻の前』を発表し、のちに多くのメディア展開をしていくこととなる。しかし、現在では、「玉藻」の名よりも九尾というキャラクター特性を強調するタームが受容され、妖怪として、九尾狐は高名を博しているといえよう（伊藤：二〇二〇）。

※本章の第4節以外の記述は、主に佐野：二〇一八によっている。

参考文献

伊藤慎吾「妖狐玉藻像の展開―九尾化と現代的特色をめぐって」（『学習院女子大学紀要』二十二、二〇二〇年）
小峯和明「『狐媚記』考―漢文学と巷説のはざまで」（『院政期文学論』笠間書院、二〇〇六年）
佐野誠子「中日正史中狐的出現和消失」（『文史知識』二〇一八年十二期）
浄瞳「論古典文献中九尾狐形象之流変」（『中国海洋大学学報（社科版）』二〇一一年第五期）
中塚亮「妲己と狐―『封神演義』に見る、イメージ及び物語の成立に至る一過程」（『金沢大学中国語中国文学研究室紀要』三、一九九九年）
堀誠「『三国悪狐伝』と玉藻前説話の変容」（『和漢比較文学叢書』七、汲古書院、一九八八年）
堀誠「妖変妲己考」（『日中比較文学叢考』研文出版、二〇一五年）
李剣国『中国狐文化』（人民文学出版社、二〇〇二年）

8 オサカベ

南郷晃子

はじめに

オサカベは姫路城の天守に棲むという。しばしば十二単《じゅうにひとえ》の姫姿で描かれるが、その正体は狐であるともされる。姫路城の天守に鎮座する長壁《おさかべ》神社は、このオサカベ姫を祀っている。神であるオサカベが化物ともされるのである。

1 姫路城のオサカベ姫

オサカベ（長壁・小坂部・小酒辺など）姫は、姫路城に棲む化物として江戸時代よく知られていた。

❶北尾政美画『夭怪着到牒』天明８年（1788）刊（国立国会図書館デジタルコクション）

十九世紀前半の松浦静山《まつらせいざん》の随筆『甲子夜話《かっしやわ》』はこのようにいう（近世文献はすべて南郷が意味の通る形で意訳し、長いものは要約している）。

姫路の城中にヲサカベという妖魅《ようみ》がおり、城中に年久しく住んでいるという。天守櫓《やぐら》の上層に居て、常に人の入ることを嫌う。年に一度、城主のみが対面する。妖の姿は老婆である。

姫路城の天守閣に棲み城主と会う女、そして❶、❷のごとく十二単を着た姫というオサカベイメージは、延宝《えんぽう》五年（一六七七）に刊行された怪談集『諸《しょ》国百物語《こくひゃくものがたり》』「播州姫路の城ばけ物の事」に原型がみられる。この話では、天守に十二単の姫――人間ではない――が居り、上ってきた城主の前で鬼神と化し「我はこの国の主なり」と人間の城主を散々にいたぶる。

ただし『諸国百物語』は、姫／鬼神の正体を明らかにしない。姫路城に現れる不思議な女について、オサカベの名とともに十分に伝えるのが、宝永《ほうえい》三年（一七〇六）刊行の仏教説話集『観自《かんじ》在菩薩冥応集《ざいぼさつめいおうしゅう》』（以下『冥応集』）五巻の第九話「金剛山実相院舜海《しゅんかい》僧正ノ修験並《ならび》ニ真言ノ功力疫神ヲ攘《はら》フ事」である。

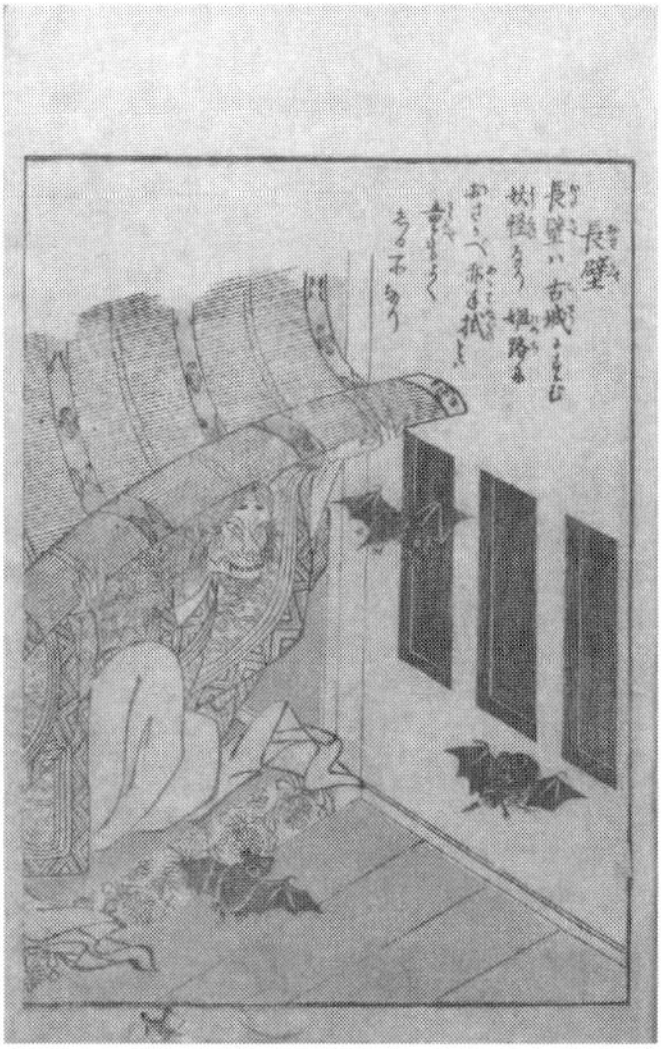
❷鳥山石燕『今昔画図続百鬼』安永 8 年（1779）
（Smithsonian Libraries and Archives）

播州姫路の城を太閤秀吉公が築いたところ、城中にさまざまの妖怪があり、天守に人が登ることができなかった。祈祷を依頼された金剛山の舜海が姫路に到着し護摩《ごま》を焚《た》くと、若く美しい女房が二十人ばかり現れる。つかまえて三股杵《さんこしょ》で打つと女房たちは老婆に変わる。老婆は「この城は昔、男山女山といって、二つの小さい丘であった。これは我らの住処《すみか》である。それを崩して城を築きなさったが故に祟《たた》りをなしたのだ」と訴える。舜海は「この城主一代は、汝、祟りを作《な》すことなかれ」と老婆に約束させる。それから城に怪しいことはなくなった。その後は池田三左衛門《いけださんざえもん》がここの城主であった。（中略）かの城の神を小酒辺《おさかべ》という。老狐だという。

オサカベは「妖怪をなす」城の神である。ここにおける「妖怪」はキャラクターの意味ではない。「怪しいことをする」ことを「妖怪をなす」といっているのである。神が妖怪をなすとは穏やかではないが、老婆つまりオサカベは、それは築城で住処を奪われたためなのだと訴える。

これは姫路城の過去を反映する説話である。姫路城が築かれた姫山、またの名女山には、そもそも「刑部大神」が祀られていた。しかし秀吉の築城工事にともない刑部大神は姫山の地から外に出されたとされる（橋下：一九二五、埴岡：一九九八）。人間に場を奪われた怒れる神、それがオサカベだというのである。

2　『観自在菩薩冥応集』の仕掛け

この物語には仕掛けがある。舜海は「この城主一代」つまり秀吉には祟るなとオサカベに約束をさせる。そして同話はその後の城主を池田三左衛門だとさりげなく告げる。三左衛門とは慶《けい》長《ちょう》六年（一六〇一）から同十八年まで姫路城主であった池田輝政《いけだてるまさ》である。読者は、この後池田輝政がオサカベに祟られることになると気が付く。

説話世界における輝政は、たしかに播磨《はりま》の神に拒絶されている。先に挙げた説話集『諸国百物語』には「播磨国《はりまのくに》、池田三左衛門殿わづらひの事」という話がみえる。

播磨をお治めになっている池田三左衛門どのが病気になり臨終に及ぶとき、比叡山《ひえいざん》から阿闍《あじゃ》梨《り》を招き、天守で祈祷を七日七夜なさった。七日目の夜半のころ三十歳ほどの薄化粧をした女が練の絹を被り現れた。女は阿闍梨に向かい「どうしてそのように加持をなさるのか。意味のないことだ。早くやめなされ」と言い、護摩の壇へ上がった。そして女は突然二丈ばかりの鬼神となり「われはこの国にかくれなき権現なり」と言って阿闍梨を蹴殺し消え失せたという。これは池田の家の侍衆が語ったことだ。

鬼神、つまり播磨の「権現」は輝政の快復を阻んだのである。実際のところ輝政が他界したのは慶長十八年であった。そのあとを継いだ利隆《としたか》は元和《げんな》二年（一六一六）に世を去り、利隆の嫡子光政《みつまさ》は要地の姫路を治めるには幼すぎたため、池田家は元和三年に鳥取城へ移る。『諸国百物語』の眼差しを添えると、播磨の権現に拒絶され、輝政、そして池田家は姫路を去っていったのである。『冥応集』の舜海の姿は『諸国百物語』で護摩を焚く阿闍梨と重なる。しかし秀吉を護る舜海の祈祷は成功し、輝政を護ろうとした阿闍梨は鬼神に蹴殺される。『冥応集』は、『諸国百物語』の阿闍梨が輝政のため護摩を焚いたときには、舜海と老婆との約束はすでに無効になっていたと含むのである。

３　書状について

池田輝政には怪異譚がつきまとう。臨終時に大規模な祈祷が行われたことや、刑部社（のちに長壁社）を城の敷地に戻したこと、それでいて池田家に不幸が連続し姫路から離れたことなどがその理由として考えられる。わけても播磨における輝政怪異譚の中心にあるのが「天狗の書状」であった（橋下：一九二五年、高尾：一九七〇年、埴岡：一九九八年など）。

播磨周辺のさまざまな話を集める地誌『村翁夜話集《そんのうやわしゅう》』第五冊雑聞書の「八転堂之事」は、慶長五年に「池田殿」が三河国吉田《みかわのくによしだ》（現在の愛知県豊橋市）から姫路へ入部したのちいろいろな怪事があったことを語る。その怪事のうちに「紙五十枚」ばかり書き散らした「三左衛門殿へ」つまり輝政へと宛てた文が二十八歳くらいの女から番衆《ばんしゅう》に渡されたことがみえる。文《ふみ》は清水山大善院という坊主を招き八転堂を立て、「檜原《ひわら》大工」に堂を作ることを申しつけよと告げており、また五本の手形とともに「中徳千持」と記されていたという。

これに相応する内容を持つ書状が少なくとも二通現存し、兵庫県小野市浄土寺の塔頭である歓喜院と兵庫県多可《たか》郡《ぐん》の圓満寺《えんまでら》に所蔵される。書状の日付は「慶長十二二年、十二月十二日」となっている。慶長十四年十二月十二日と読み取れるが、十二を重ねる点が重要だったのではないか。書状の差出人は「はりまあるじの大天神とうせん坊」と「みやこ二上せんまつ」である。遠江《とおとうみ》の「四りん坊という小天神」と「九りん坊」が、輝政と輝政の妻に憑いているため、その防御策を教えようという。そして清水山の先達を招き祈祷をさせることと八天塔《はってんとう》の建立を勧める。

長尺な書状は、後半「八天塔」なるものの功徳とその構造についてばかり繰り返し述べている。このような調子である。

八天塔の広さは「八つ大龍王」を真似て八尺間八間四方に柱を八角にする。それは八大龍王を真似たものである。竜宮からの魔縁のものは、これに恐れをなして参らざるものなり、と占いがあった。

書状は延々と八天塔の効力を説く。

4　書状をめぐる人々

さらに読み進めると書状は一人の人物に焦点を当てる。

東播磨のうちに「ひわら番匠」と申す番上(匠)がいるという。または兵庫に「ひわら番上(匠)」がいるともいう。この者に八天塔の巻物一巻、絵図一つが渡っている。

書状は播磨大工の「ひわら番匠」へと読み手を誘導する。ひわら家、つまり日原《ひわら》家は戦国末期に播磨国、吉川《よかわ》へ移住した「日原与次兵衛尉盛吉」がひらいた家で、慶長年間には播磨で「日原大工」として活躍をしていた（永井：一九七四）。書状は実在した職人へとつながっていく。

この書状は輝政への「民衆の怨念」の噴出としてときに「呪いの書状」と呼ばれた（高尾：一九七〇）。輝政は播磨でより利潤の出る、つまりより過酷な検地の仕組みを整えた。その苛政への怨念が結晶したものと解釈されたのである。確かに輝政が担った新しい姫路の創造は、城下の人々に大きな衝撃をもたらしただろう。けれども書状を読み込んだとき、浮かび上がるのは「怨念」よりもむしろ八天塔を日原大工に建立させることへの執念である。

白く輝く姫路の大天守は、慶長十四年（一六〇九）池田輝政により完成された。書状が差出の日付とするのはこの時期である。もちろんそれが正確な日付かどうかはわからない。ただその内容は、日原大工の作事を要求する。それは姫路城下が整備されていった中で、新たな仕事、利権を得ていこうとする職人の姿を浮かび上がらせる。新秩序の中、生き抜こうとする人々のしたたかな情熱が、天狗の言葉を借りた書状に垣間見える。

また『村翁夜話集』「神社の部」の「長壁社」は「作門寺の記」を引き、書状が「作門寺の胎坊」の祈祷により得られたという。胎坊《たいぼう》（明覚台坊《みょうかくたいぼう》）とは高野山で修行した僧侶で、近世初期に播磨に入り、戦乱で荒れ果てていた同地の寺院を復興させた人物である（橋本：一九五二）。

今日、書状を有するのは、浄土寺の塔頭歓喜院と圓満寺だが、歓喜院のものは、もともとは作門寺のものとされる（『村翁夜話集』）。圓満寺と作門寺は、ともに明覚台坊が再興した寺で、圓満寺にとっては「書状」は寺の中興の祖、明覚台坊と池田輝政とをつなげる大切な証となる。圓満寺にはこの一件の落着に明覚台坊が大きく関わったという由来も残される（南郷：二〇〇六）。書状の一件が播磨で知られていく背景には、圓満寺や作門寺など明覚台坊につらなる寺院の活動もあっただろう。

5　妖怪化するオサカベ

さて、輝政が本当に日原大工を呼び寄せ「八天塔」を作ったのか確認はできない。祀られたのは、オサカベの社である長壁社である。ただし城の一角で祀られる長壁社は八天塔と呼ばれることになる。「この処（姫路）にてはヲサカベとは言わず、ハッテンドウと申す」（『甲子夜話』）「伝て八天塔と号す」（『播州名所巡覧図会』）と、播磨ではオサカベ社とは八天塔なのである。

『村翁夜話集』第四冊神社之部の「長壁社」も書状に言及するが、その差出人は「大峯天狗の内東禅坊・千松丸・八輪坊・三輪坊・小刑部」となっている。播磨では書状の一件はオサカベと分かちがたいものだったことをよく示している。東禅坊・千松丸は現存書状の差出人名と近い。また八輪坊・三輪坊は、書状の内容と関係する。書状によると天狗は人を「調伏」するごとに階位を上げ、一輪坊から二輪坊、三輪坊になるという。そして小刑部、オサカベである。輝政を脅かす天狗も護ろうとする天狗も、そしてオサカベも、区別なく書状の差出人になっている。ここでの書状はもはや、オサカベのなした「妖怪」の一つである。

もう一つ、国際日本文化研究センター所蔵『諸国妖怪図巻』（江戸中期成立）［❸］のオサカベに

❸長岡多聞『諸国妖怪図巻』江戸中期成立（日文研デジタルアーカイブ）

も触れておこう。尻尾ととがった耳を持ち、着物をきた奇妙な生き物は「ヲサカベの一族」と呼ばれ姫路の城下に出て、男にも女にも鬼にもなるという。この絵巻は「化物尽くし絵巻」と呼ばれる系統に属し、同系統のほかの絵巻ではこの図像は「野狐（やこ）」とされる（木場：二〇二〇）。それを「ヲサカベ」と説明したのは、その正体を狐とするイメージ（『西鶴諸国はなし』など）に加え、懐の書状のせいではなかったか。化物を一覧する絵巻に、書状を持ったオサカベが現れていることが注目される。

おわりに

オサカベの神の威光あるいは陰影は、城主の不幸を経ていや増していく。「ヲサカベという妖魅」について語る『甲子夜話』は続ける。「天守櫓の脇にこの祠有り。社僧がおりその神に仕えている。城主も尊びなさっているという」。姫路城内に呼び戻された神は厚い崇敬を受けた。しかし呼び戻され崇敬を受けるようになったこと、それ自体がすでにオサカベが妖怪をなしたことの証である。妖怪をなした神は、「妖怪」として描かれることになる。

冒頭の❶、天明八年（一七八八）の黄表紙『天怪着到牒《ばけものちゃくとうちょう》』は乱髪で十二単を羽織る老婆オサカベを「こわいものの親玉」と「天怪（ようかい・ばけもの）」の一つとして描き、❷、鳥山石燕《とりやませきえん》の『今昔画図続百鬼』は十二単を着て御簾《みす》を掲げる姿に「古城にすむ妖怪なり」と付した。物語に貪欲な近世社会は陰影の刻まれた神、妖怪をなした神を「妖怪」として消費していったのである。

参考文献

木場貴俊「国際日本文化研究センター所蔵『諸国妖怪図巻』をめぐって―いわゆる「化物尽くし絵巻」に関する一考察」（国際日本文化研究センター『日本研究』六十、二〇二〇年）

高尾一彦「池田輝政夫妻への警告と噂」（兵庫県史編集専門委員会『兵庫の歴史』三、一九七〇年）

永井規男「三木大工と日原大工」（日本建築学会『日本建築学会近畿支部報告集・計画系』十四、一九七四年）

中村禎里「長壁神社の狐」（『狐付きと狐落とし』戎光祥出版、二〇二〇年）

南郷晃子「城をめぐる説話伝承の形成―姫路城を中心として」（説話・伝承学会『説話・伝承学』十四、二〇〇六年）

南郷晃子「城の説話と大工と天狗―姫路城「天狗の書状」をめぐって」（説話・伝承学会『説話・伝承学』二十八、二〇二〇年）
橋本政次『姫路城史』（姫路城史刊行会、一九五二年）
埴岡真弓「姫路城刑部伝説の成立と展開」（『播磨学紀要』五、一九九八年）
同「『姫路城内小刑部大明神記』並びに「長壁御真影」」（『播磨学紀要』二十五、二〇二一年）
三宅宏幸「姫路城―変遷するオサカベ」（二本松康宏・中根千絵編『城郭の怪異』三弥井書店、二〇二一年）
八木哲浩「藩経済政策の播磨的展開」（姫路獨協大学播磨学研究会編『播磨学講座三　近世　花盛りの城下で』神戸新聞総合出版センター、一九九二年）
横山泰子「恋するオサカベ」（『江戸歌舞伎の怪談と化け物』講談社、二〇〇八年）
横田冬彦「城郭と権威」（『岩波講座日本通史　第十一巻（近世一）』岩波書店、一九九三年）
『吉川町誌』（吉川町教育委員会、一九七〇年）

近世から近代以降まで、その特徴の変遷

9 件《クダン》

笹方政紀

はじめに

「人」に「牛」と書いて「件」「クダン」と読む。前記の通りであるという意味の「件の如し」の成句でも知られる。この字を名に持つ妖怪がある。件《クダン》（以下「クダン」とする）である。現代の妖怪事典でクダンを引くと、西日本を中心に牛の子として生まれ、外れない予言をしたらすぐに死ぬ、その姿は人面牛身であるという特徴が見られる。これが近世においてはすこしばかり様子が違う。それでは大まかではあるが特徴を捉えつつ、クダンの成り立ちや広がりについて追ってみよう。

1　「件」の文字による特徴

現在、クダンの近世史料は、少数ではあるが種々のものが把握されており、その説明として、「件」の文字を起因として備わった特徴が認められる。

一つは「件」の文字の構成にともなうもので、容姿が人面牛身だということ。『簠簋内伝《ほきないでん》』は、「安倍晴明《あべのせいめい》に仮託された中世後期成立の陰陽道書」であり（斎藤：二〇一四）、寛永《かんえい》年間（一六二四～四四）に出版された同書の注釈書「簠簋抄《ほきしょう》」では「面ハ人胴ハ牛ニメ非レ人《してひとにあらず》非レ畜《ちくにあらず》ノ者」とあり、享保《きょうほう》十年（一七二五）に執筆された『舟木伝内随筆《ふなきでんないずいひつ》』にも、「胴は牛、面は人にて角あり」と記されている。元文《げんぶん》五年（一七四〇）刊行の『続向燈吐話《ぞくこうとうとわ》』には「首より上は婦人の面にて、手足形は牛に似たるもの」とある。そのほか、「かたち人面にしてからだハうしのごとく」（『播州姫路　追坂上物語』）、「牛形ニて人面者」（『近来年代記』）、「人面牛身」（『密局日乗《みつきょくにちじょう》』）、「からだハ牛面《かを》は人に似たる」（かわら版「大豊作を志《し》らす件と云獣なり」）などと、決め事のように人面牛身であることが説明される。

また一つは、成句「件の如し」からの連想であり、言うことは間違いなくひいてはクダンは正しく正直の象徴である、と捉えていること。

「簠簋抄」では、「寅申」に仏（釈迦）を食わそうとする龍宮での談合を、龍宮から来た「件」が仏に注進する。未来の出来事を告げるため、これを予言と捉える向きもある。しかし、嘘ではない、正しいことを仏に告げたと考えれば「件の如し」に通じるものだろう。『舟木伝内随筆』では、道理に合っていることと外れていることを聞かせれば、「偽たるものを其まゝ飛かゝり突ころ」すと説明。あわせて「證文《しょうもん》の留《と》めには不残《のこらず》如件と書也」と、証文の終わりに「如件」と書くことを記している。十八世紀半ば以降に成立とされる『播州姫路　追坂上物語』でも、クダンは「生得実誠にして、少しもまがれる事なくれんちよく（廉直）にいたさんとの義なり」とある。また、正直であれば福を、邪であれば禍を与えると、是非を判断する存在としている。

二つの特徴は、明らかに「件」の文字に起因するものであり、クダンの根幹となる特徴と考えられる。このような存在であると、近代のクダンのように幼体ではなく、多くの事例では成体として語られる。「麒麟《きりん》」や「鳳凰《ほうおう》」や「白沢《はくたく》」など、一般に神獣として扱われるものと同じである。さらに言えば、クダンには性別の必要性もないため雌雄の区別もない。

ほかにも特徴とまでは言えないが、一部のクダンは異国に存在したり、異国より訪れたりするものとして捉えている傾向がある。「簠簋抄」では談合を仏（釈迦）に注進するために龍宮から訪れた。舟木伝内の随筆では、儒者は「是は天竺にて件と云獣也」と説明した。天竺《てんじく》はインドのことであり、仏教発祥の地である。何かしら仏教との関連を主張する意図も垣間見える。

一方、『播州姫路　追坂上物語』では、曹操《そうそう》の乱を避け、唐土《もろこし》（今の中国）から渡来した阿智《あちの》王《おみ》を慕いクダンは日本へ渡って来たとある。『続日本紀《しょくにほんぎ》』延暦《えんりゃく》四年（七八五）六月の条において、阿智王を教え導いたという神牛とクダンが結びついたのかもしれない。唐土といえば、クダンに類する「クタベ」において、大阪中之島図書館蔵の「くたべ（倫鄉）」では「唐名ニ而ハ件」とあり、唐の出身であることを示している。

2　皮革にまつわる物語

クダンの物語には、皮から作った太鼓の話が散見される。「簠簋抄」においては、「件其ノ時我ガ身ノ皮ヲスイテ佛獻《ゲン》シ此ノ皮ニテ大皷ヲ張リ二六時ニ中《アタル》。時《とき》ノ大皷ヲ打セ給《たま》ヘ」とあり、クダンの皮にて張った太鼓を打てば「魔」を除けられるという。

天明《てんめい》三年（一七八三）刊の土佐秀信《とさひでのぶ》画『増補諸宗仏像図彙《ぞうほしょしゅうぶつぞうずい》』に並ぶ「佛前鐘鼓」［❶］も魔除けの太鼓の話である。その詞書によると、釈迦の説法を妨げるクダンに対し、弟子の目蓮《もくれん》がウンカという虫を振り掛けた。苦しむクダンは仏果を与えられれば「ワガ命ヲメシテ皮ヲ太鼓ニハリ時ヲチカヘテ打玉スヘシ」と。そうすれば、「魔時《まとき》チガフテ來《きた》ラズ」、つまり太鼓の音が魔除けになるという。このことは、文政《ぶんせい》十二年（一八二九）刊の葛飾北斎《かつしかほくさい》『万物絵本大全図《ばんぶつえほんだいぜんのず》』の一コマでも、「目蓮神通ヲ以テ件ト云猛獣（狄）ヲ伏シ其皮ヲ太鼓ニ作ル」と同様の詞書きがある。

由緒や職業特権の由来を記した河原巻物の一つ、『長吏系《ちょうりけい》傳巻』には、天岩戸《あまのいわと》を開くにあたり、「其時彼尊と件といひし黄牛の皮を取始メて、たいこをこしらへ神楽《かぐら》といふ事を始玉《はじめたまう》」とある。これは近世の皮革を扱う人々の出自を主張したものの一部である（榎村：二〇一九）。注意すべき点は、「簠簋抄」の例を除きクダンが人面牛身であることを示す記述は見られないことだ。『万物絵本大全図』［❷］における北斎の絵も牛身ではあるが人面ではない。そのためか、成句「件の如し」にまつわる正直なもの、正義のものの象徴であることは説かれず、クダンの皮はただ魔除けとなる特殊な皮であることが残されている。

❶『諸宗仏像図彙』5巻（国立国会図書館デジタルコレクション）

皮革を扱う者とクダンにまつわる史料として見世物関連も考えられる。『諸願《しょねがい》届扣《とどけひかえ》』（一宮美土路《いちのみやみどろ》家文書）には美作国《みまさかのくに》（岡山県の一部）・中山神社での天明二年（一七八二）のこととして、「件見世物地子《ちし》二十匁《もんめ》」とある。また、嘉永《かえい》七年

❷『万物絵本大全図』（）

（一八五四）に開催された播州における三ツ山《みつやま》大祭での興行に関連した史料「臨時御祭礼ニ付興行幷《ならび》ニ見せ物等逗留人覚」には、曲馬芸などの興行や細工人形などの見世物のうちに「廿六日願　一くたん　威徳寺町　長兵衛」の記録が見られる。

どちらも詳細はわからないが、近代以降のクダンの見世物に人面牛身の子牛の剥製等が使用されることから、近世においても同様のものと考えられる。裏付けとして、かわら版「件獣之写真」ではどこかから訪れるもの、現れるものであったクダンが、現代のように飼牛の腹より産れるものとされている。描かれた絵図では古くから持たれる成牛の姿を踏襲し、詞書きでは人面牛身の畸形の仔牛を示している。それぞれ枝分かれしたクダンのイメージが混交したのではないだろうか。

幕末、井田村《いたむら》（岡山県備前市）で生まれ、死んだ子牛。それを描いた絵には「頭人面之形惣身牛之形ニ而専人□者件と申候ニ付」とあり、絵を包む袋にも「件之図」の文字が書かれている（倉敷市：二〇二二）。これなんかは見世物ではないが、人面牛身の仔牛をクダンと呼んでいた事例である。

3　予言をする性質

十九世紀に入ると、クダンは予言をし始める。人の前に現れ将来に起こる吉凶を告げ、凶事への対処を授ける。これは現在「予言獣《よげんじゅう》」と言われるものの物語である。その一つとしてクダンは数えられるが、近世における予言の事例は多くない。萩藩の密用方《みつようかた》の日記「密局日乗」の文政二年（一八一九）五月十三日の記録に、「今より七年之間豊年ニ而《て》、八年よりは兵乱起るべし」と告げたとある。口承で伝わるうちに省かれたのか、兵乱が起ることへの対処は記されていない。

また、かわら版「件獣之写真《くだんじゅうのしゃしん》」でも「当年より諸国稀《まれ》なる豊作なり、然りといへども孟秋《もうしゅう》のころに至り、悪しき病流行する事あるべし」との予言が記されている。病流行の凶事には図（かわら版）を求めて家内に張れというから、かわら版購入を促す商業主義を反映したものである。どちらの予言も民家の牛から生まれた人面牛身のクダンが発したものである。この状況は近代以降、ことさら明治期に見える事例と同じであり、近世から近代へと引き継がれている。

　予言獣の物語は、かわら版を販売する者の創意工夫にもとづき創作された。その傾向の一つとして、「神社姫」「姫魚」「アマビコ」などのように予言獣独自の名前を持つものが多い。それは瓦版の世界で新たに創作されたためであり、それゆえ予言獣たちはかわら版やその転写物の中でしか存在できなかった。しかし、登用前からすでに存在していたクダンは、予言獣としての定型の物語だけでなく、ほかの物語もともなっていた。「件の如し」の成句を背景に正しいものの象徴であったクダンの予言は、間違いない、外れないものとして、その精度も強固なものであった。

　明治になり種々の新聞が発行される中、予言獣も記事として取り上げられる。しかし、それは予言獣の刷り物を売る者たちや、刷り物にまつわる狂騒を報じたものであった。かわら版のように予言獣としての物語だけではなかった。やがてかわら版などの刷り物が衰退し、メディアの中心が新聞報道に移りゆくにつれ、クダン以外の予言獣は姿を消していった。一方で、クダンの予言獣としての物語は刷り物ではなく、牛から生まれる畸形の仔牛の話として人々の間で展開していく。それは予言獣の物語を踏襲した、誕生、予言、そして死亡にまつわるものであった。

4　神、あるいは神使としての存在

「件の如し」は起請文《きしょうもん》に多用されていた語句である。起請文は、「自己の行動を神仏に誓って遵守履行すべきこと（前書き）と、違反した場合は神仏に罰を受けること（神文《しんもん》）を記した文書」である。神仏に誓ったので約束事は必ず守るという意味で終わりを「如件」と結んでいた。つまり、神仏が連想される語句である。

予言獣の物語を記したかわら版等は、招福や攘災《じょうさい》などの御符の要素を取り入れ製作された。豊年が続くなどの吉事や疫病が流行るなどの凶事を告げる予言獣は、神、または神の使いが啓示を与える姿と重なる。凶事にはかわら版等の絵姿を見、そのものを家内に貼付することで災難が除けられるという。寺社が発行する正規の護符同様のご利益を主張し、購入客の購買意欲を掻き立てる。かわら版等は正規の護符を装った疑似護符であり、ご利益をもたらす予言獣は疑似護符の中で存在する神、あるいは神の使いであった。それは製作し販売する者の意図であり、かわら版等を買う者もその意図を理解して購入する。言わば両者の社会的合意の元に成立していた。

ほかの予言獣が衰退する中、クダンは現実の世界で飼牛から生まれると噂されることにより、近代以降も人々の中で広がっていく。例えば、明治二十三年（一八九〇）には「当年より追々豊年となる、風（害）と病あれ共神仏に祈れば免る」と畸形の仔牛が告げたという（『山陰新聞』明治二十三年三月五日付）。まるで神仏の使いのような扱いである。明治三十年（一八九七）、西日本の広範囲の地域でクダンの噂が広まった際には、「所々の神社に建立し有る石の鳥居七つを河川を渡らずして潜らざるべからず」(『中国』同年五月六日付)などと告げた。既知の民俗信仰である「七社詣り(七所詣り、七人詣り)」の習俗を取り込んだ除災方法である。このようなクダンによる教示は、神との深いつながりを仄めかしているようだ。

　戦時のような常に危険がつきまとう環境では、クダンも神同様に捉えられていた。野坂昭如《のさかあきゆき》の小説「猥歌」には、余所の家でご飯を食べていたら一粒でももらえなどの、爆弾除けの呪いが記されている。これは四国に現れた「牛の頭、体は人間の「件」様のおつげ」だという。同様の話はほかの野坂の小説やエッセイにもみられる。また、演出家の河内紀《かわちかなめ》も「敗戦直前の神戸では、「件様」を祭ることが流行し、空襲避けに「件」と書いた紙を扉に貼った家がかなりあった」と野坂から聞いている。つまりこれらは、野坂が戦時に実際に聴いて体験した出来事であり、住んでいた神戸周辺ではクダンが神と同様の存在と捉えられていたのである。

　疫病や戦争など、現実の凶事を除ける方法を告げ、あるいは自身が凶事を除ける呪符でもあったクダンは、時に神様と同様の存在として扱われた。加えてクダンには外さない、間違えない意味を含んだ「件の如し」という性質がともなっていたから、なおさら、神性を帯びていたものと考えられる。正直なもの、正義のものの象徴であったクダンは、リアルな世界で神、あるいは神の使いのような存在として近代以降も語られたのである。

参考文献

榎村寛之「「件（くだん）」の成立―近世の古代的言説「近世的神話」の中で」（東アジア恠異学会編『怪異学の地平』臨川書店、二〇一九年）
大阪市史編纂所編『近来年代記　下』（大阪史料調査会、一九八〇年）
小栗栖健治「播磨国総社の三ツ山大祭と城下町・姫路」（『BanCul』八十六冬号、二〇一二年）
勝又基／木越俊介 校訂代表『諸国奇談集』（国書刊行会、二〇一九年）
河内紀『古本探偵』（北宋社、二〇〇〇年）
斎藤英喜「いざなぎ流祭文と中世神話―中尾計佐清太夫本「金神方位の神祭文」をめぐって」（『歴史学部論集』四、二〇一四年三月）
笹方政紀「クダンと見世物」（東アジア恠異学会編『怪異を媒介するもの』勉誠出版、二〇一五年）
笹方政紀「護符信仰と人魚の効能」（東アジア恠異学会編『怪異学の地平』臨川書店、二〇一九年）
笹方政紀「クダンの予言」（長野栄俊編著『予言獣大図鑑』文学通信、二〇二三年）

竹下喜久男『近世地方芸能興行の研究』（清文堂出版、一九九七年）
野坂昭如『軍歌・猥歌』（講談社、一九六八年）
松本充弘「辻葩家文書『播州姫路 追坂上物語』・『名川武鑑録』解題と翻刻――「実録」研究の進展のために」（『神戸大学史学年報』三十一、二〇一六年）
綿抜豊昭編『加賀藩料理人舟木伝内編著集』（桂書房、二〇〇六年）

10 水子霊――夭逝した胎児の霊はどこに現れ、誰に祟るか？

陳 宣聿

はじめに

水子《みずこ》とは、流産、死産、人工妊娠中絶された胎児や生まれて間もなく亡くなった子どもを指す。中でも特に中絶された胎児の霊が「母」とされる女性やそのパートナー、家族に祟《たた》る側面が強調される。水子の祟りは具体的に精神的、身体的不調、子どもの非行、悪夢、仕事の支障などの側面として現れるとされた。一九七〇年代中盤から一九八〇年代中盤にかけて、大衆雑誌やテレビワイドショーが集中的に水子の祟りに関する言説を取り上げ、短時間に日本社会に広まった。浮かばれない水子の霊を慰めるため、多くの寺院などの宗教施設で水子供養の儀礼が行われるようになり、そして境内で新たに水子地蔵像を建立した。足元で子どもがすがる大型地蔵像、びっしり並んでいる小型の地蔵像、そして奉納された風車やおもちゃの鮮やかな色によって構成された風景も寺院の一角に佇《たたず》んでいる。

一九七〇年代に流行《はや》り出した水子供養は一時的な「ブーム」として捉え、最終的に大衆現象として日本社会から消えていくという予測は、一九九〇年代の研究に散見している（例えば、ハーデカー：二〇一七、ヴェルブロウスキー：一九九三など）。そういった予測に反して、水子供養は消えることなく、現在でも多くの寺院でみられ、新たな習俗として日本社会に定着、存続している。筆者も水子供養は単なる一過性の風潮として捉えきれず、一九七〇年代から現在にかけて、メディアにおける水子像は環境と共に変化していくと考える。本章においては、水子霊をめぐる言説の創出、流布、散逸と再生産の状況を描き、急速に変動していく現代社会において、怪異を担う媒介者（メディア）のあり方を把握することを試みる。

1　身の回りの災因と水子霊の創出

近世における堕胎、間引きを戒める教諭書においても、間引かれた子の怨霊について言及されることがあったが、祟りおよび儀礼の詳細はあいまいである（高橋：一九八〇）。人々の日常生活の不幸や災としての祟り、我が子へのお詫びとしての供養儀礼、水子地蔵の造像といった要素を結びつけ、現代の水子供養の雛形を提示したのは、一九七一年、埼玉県秩父郡《ちちぶぐん》に開山した、紫雲《しうん》山《ざん》地蔵寺である（鈴木：二〇二一）。

紫雲山地蔵寺の初代住職は橋本徹馬《はしもとてつま》（一八九〇〜一九九〇）という人物である。彼は政治評論家の一面もあり、特に第六十一〜六十三代の総理大臣、佐藤栄作との親交が知られている。一九五〇年代末、橋本は『精神ドックの診断』（一九五八年）、『霊感と奇跡の話』（一九六二年）などの著作を出版し始めた。それらの著作の中に、橋本は自身の青年期の修行経験を提示しながら、病気や災いの原因を個人、親族、前世の不道徳の行い、先祖供養の怠りなどに帰結した。彼は霊をめぐる言説を通して、科学や医学に支配された社会を超克することを図った（陳：二〇二三）。一九七二年、旧優生保護法（現「母体保護法」）改訂案の国会審議に先だち、橋本は一九七一年に水子供養専門の寺院、紫雲山地蔵寺を開山した。彼は「ウーマン・リブ」が提唱した女性の中絶の権利を強く非難しながら、中絶された胎児の霊を「闇にさまよういとしき幼き諸霊」として描き、「水子」という表現も使用するようになった。水子の霊による「祟り」——原因不明の心臓病、乳がん、肩・首・腕の痛み、子どものイノローゼ、親への反抗など——は医学だけで解消できず、儀礼（供養）を通して水子への謝罪を行うことのみが、災いを解消する可能性があると述べた（橋

❶日本における人工妊娠中絶件数 1949 年～ 2020 年
（国立社会保障、人口問題研究所人口統計資料集の資料により、筆者製図、資料出典：https://www.ipss.go.jp/syoushika/tohkei/Popular/P_Detail2022.asp?fname=T04-20.htm）

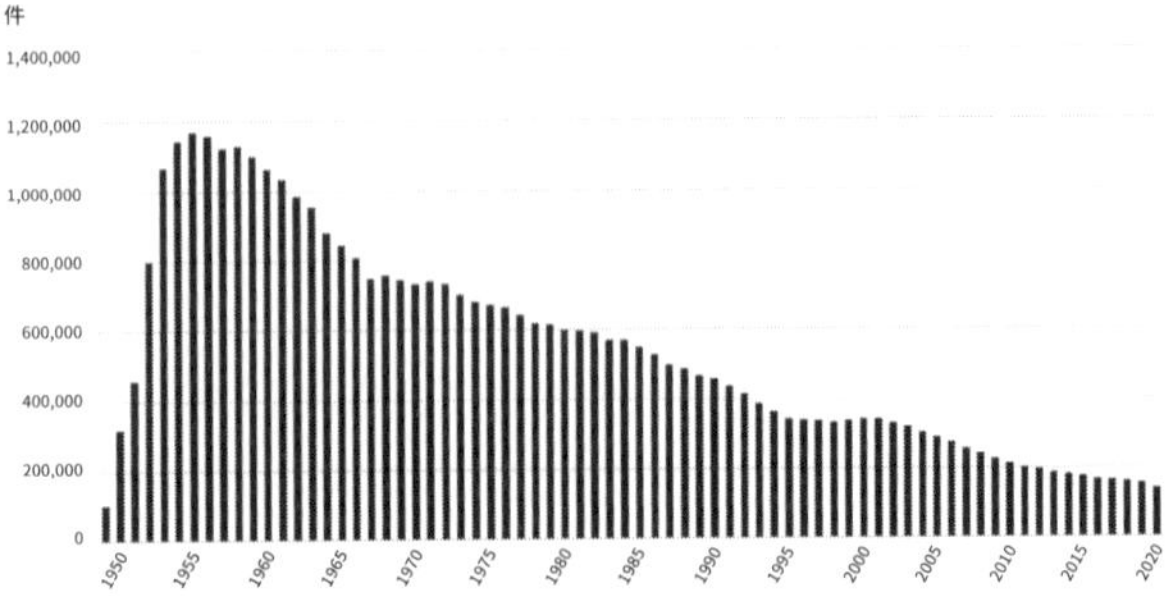

本：一九七八）。

日本における人工妊娠中絶の届け出した件数は、一九五五年の約一一七万件をピークに、以降、徐々に下がっていた。❶から水子供養が流行し始めた一九七〇年代は、中絶件数のピークとの間にタイムラグがあることがわかる。そのタイムラグについて、民俗学者森栗茂一《もりくりしげかず》は、一九七〇年代前半の水子供養の依頼者層を更年期障害や後遺症、婦人病に悩む中年女性と推測した（森栗：一九九五）。水子霊が病気や身の回りの不幸の理由になったことについて、清水邦彦は、高度経済成長期以降、動物霊の憑依をめぐる言説が真実味を失うことにともない、生命観の変遷によって、胎児も「人」とみなすようになった。それによって、水子霊の祟りがより説得力を増したという（清水：二〇二三）。

2　オカルトブームと水子霊の流布

水子供養専門寺院の紫雲山地蔵寺開山以前にも、中絶児を対象にする儀礼があった。しかし、初代住職の橋本徹馬は講演会、パンフレットの配布、そしてメディアでの宣伝を通して、個人（特に女性）に向けて水子の霊の祟りと供養の必要性を広めた（鈴木：二〇二二）。さらに、一九七〇年代中盤から八〇年代にかけて、霊に対する関心が増大し、「水子霊」もその一環として取り上げられた。そのため、水子霊をめぐる言説もより浸透していき、娯楽と消費されていく対象になった。

一九七〇年代の日本では不思議、超能力、霊的現象に対する関心が増大し、文化史における「オカルトブーム」とも言われる現象が生じた（一柳：二〇〇六、吉田：二〇〇九）。そして、霊や呪術を強調する新宗教教団も盛んになり、そして「小さな神々」ともいわれる霊能者などを中心とする中小型の教団が注目を集めた（西山：一九八八）。非合理的な現象に対する関心が増大する背景には、公害問題や環境破壊によって、今まで科学技術によって支えてきた成長への疑問視、そして経済に対する不安、都市化による共同体の解体とライフスタイルの転換などが考えられる。

そういった風潮の中に、週刊誌およびテレビワイドショーにおいて、水子霊の祟りも一九七〇年代中盤から一九八〇年代中盤にかけて集中的に生産された（ハーデカー：二〇一七、鈴木：

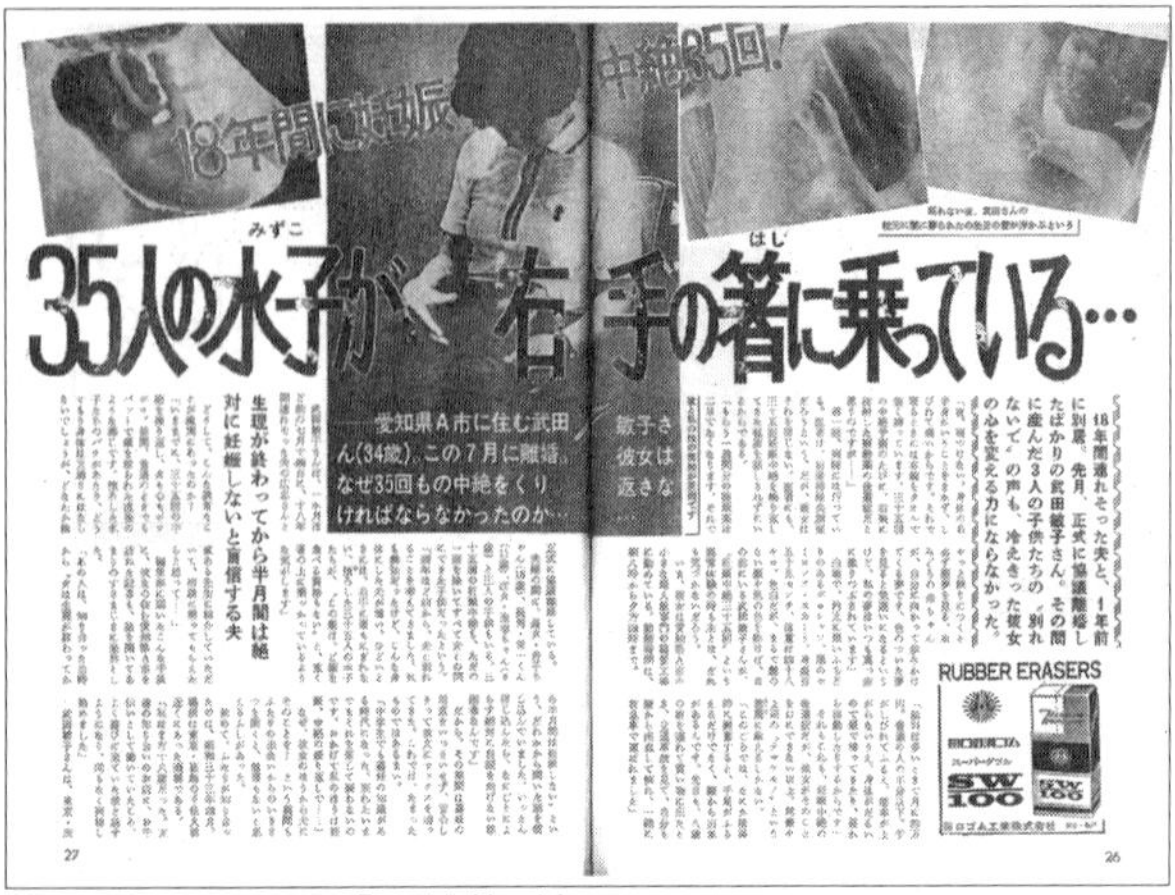
18年間に妊娠 中絶35回!

35人の水子《みずこ》が右手の箸《はし》に乗っている…

18年間連れそった夫と、1年前に別居。先月、正式に協議離婚したばかりの武田敏子さん。その間に産んだ3人の子供たちの"別れないで"の声も、冷えきった彼女の心を変える力にならなかった。

――愛知県A市に住む武田敏子さん(34歳)。この7月に離婚。なぜ35回もの中絶をくりかえさなければならなかったのか…

生理が終わってから半月間は絶対に妊娠しないと盲信する夫

RUBBER ERASERS

❷ 1976年8月31日の『週刊女性』紙面

二〇二一、陳：二〇二三）。一九七六年八月三十一日の『週刊女性』では、三十五回の中絶経験による後遺症に悩まされた匿名の女性に関する記事を掲載した［❷］。記事中、女性は自身の身体的不調と中絶経験、胎児の霊と結びつけた。例えば、腕の痛みで箸が持てない場面について、女性が「……堕ろした三十五人の水子たちが、『この親は、ご飯を食べる資格もない』と、重く箸の上に乗っかっているような気がします」と述べた（著者不明：一九七六）。記事では、三十五回の中絶といった異常体験を誇示し、「後遺症」と水子の祟りを彷彿させる構成が見られる。また、一九八〇年九月二十七日の週刊誌『微笑《びしょう》』では、中絶経験の女性が霊能者を訪れる内容を取り上げ、水子霊の祟り、降霊、除霊の過程を三ページにわたって掲載した。水子の霊に憑依されたという霊能者が「生まれたかった」と叫んだ。霊が離れた後、霊能者が依頼者女性に「黒いナメクジのような霊」が女性の腰の両脇に憑いたと告げ、供養を要請した（著者不明：一九八〇）。

水子霊の祟りのほかに、「水子寺」の旅情を主題とする記事も一九七〇年代中盤から八〇年代中盤に多く見られる。「この秋あの愛を捨てる女の一人旅」（一九八〇年九月三十日『週刊女性』）、「幸せな結婚ができる　水子のある風景の旅　全国水子寺二〇か所紹介」（一九八三年六月七日『週刊女性』）などでは、「悲しい雰囲気」を軸に、「水子寺」への参拝を贖罪と癒しの旅であることを強調した。記事では、各寺院の水子供養を触れながら、周辺の観光情報を提示し、そして最後に供養料、供養方法、連絡先などが含まれた各宗教施設の情報を一覧表の形式でまとめた。

水子霊の祟りおよび水子寺の旅情に関わる週刊誌の記事は、一九七〇年代から一九八〇年代中盤において集中的に現れた。それ以降、水子に関係する記事数が全般的に減少しているが、水子供養を行う宗教施設を「心霊スポット」として取り上げる記事が増え始めた。例えば、一九九三年五月十二日の『ｓｐａ！』では、静岡県のうさみ観音寺を水子の怨念が集まる場所として取り上げた（都築：一九九三）。ここで水子供養を「する」ために設置する空間が、水子霊が「出る」場所として読み替えられ、水子供養のために建立された観音像も可視化した「水子の怨念」となった。

3　ローカルの文脈で再生産された心霊スポット

水子霊が出る場所といった「心霊スポット」の視点は、週刊誌のみならず、一九九〇年代後半から二〇〇〇年代にかけてインターネットが急速に普及していき、新たな空間として意味を再生産する場になってきた。同じ空間にしても、こういった「心霊スポット」の視点は、水子供養を行う当事者、宗教施設の信者、関係者などと切り離され、サイバー空間で新たな意味づけが付与されていた。

ここで、筆者が東北地方K市のA堂で行った調査（二〇一四年から二〇一五年の間に実施。関係者に配慮するため、場所を伏せて匿名で記述していく）の事例を取り上げ、水子供養を「する」宗教施設とサイバー空間で広がる水子が「出る」心霊スポットの交錯を提示していきたい。

東北地方K市のA堂の事例

A堂は不動明王を祭祀する小さな堂宇である。境内に滝があり、戦後まで境内で滝行をする記録が見られる。現在、堂宇の管理は地元の管理委員会が携わっている。A堂は常駐の宗教的職能者がいなかった。毎月二十八日は不動明王の縁日で、例大祭を行う。その際、外部の寺院から僧侶を招き、本堂内で祈祷する。一九八〇年代中盤、A堂の奉賛者《ほうさんしゃ》の間で「水子供養発起人の会」を組織し、その働きかけで、境内で高さ七十六センチの水子地蔵像が建立された。水子地蔵像建立以降、例大祭終了後、水子供養の儀礼も行われるようになった。毎月の例大祭で、本堂の不動明王へ祈祷の依頼は約二十件前後に対し、地蔵堂での水子供養は約五件から六件である。ここから見ると、A堂は不動明王への信仰が中心であることがわかる。

他方、上記の文脈と異なり、A堂もまた「水子霊が出る心霊スポット」として知られている。この語りは主に心霊スポットを紹介するウェブサイト、個人のブログ、動画共有サイト、または心霊スポットめぐり関係の書籍、雑誌によって取り上げられた。これらの記事の中に、A堂は「水子供養専門」の宗教施設として描かれ、特に「水子の霊による手水舎《ちょうずや》の紅白の布が激しく揺れる現象が起きる」という不思議な現象が強調された。

その語りの出所は特定しがたいが、筆者が辿り着いた最古の情報は一九九六年十月に創設されたウェブサイト「K市心霊スポット」である（最終閲覧日：二〇一五年五月十一日）。このサイトはK市を中心に六十件以上の心霊スポットを取り上げ、サイトの管理者のみならず、内容を閲覧したネットユーザーも自身の経験によって追加して書き込むことができる。A堂に関する紹介を以下に一部抜粋して提示する。

……真夜中に行っても、手を浄める場所の蛍光灯と、水子を供養している場所の提灯の灯りがついていて、恐怖が増す。手を浄めるところには、赤と白の布が交互にかけられていて、一番奥の赤い布が、風もないのに、ゆらゆらと揺れ続ける。……

最初の記事では布の不思議な揺れであり、水子供養を行うことを並列して提示したが、両者のつながりが明示されなかった。一九九七年、A堂はテレビ番組で心霊スポットのロケーション地の一つとして取り上げられ、番組内で水子霊によって布が激しく揺れる現象が起こったといわれる。それをきっかけに、水子霊に関する書き込みも増殖し、事前に「心霊スポット」としての認識を持ち、A堂で水子による布の揺れという現象を追体験しようとする者も増えた。ウェブサイト「K市心霊スポット」は、二〇〇九年以降に更新が停止した。そして、二〇二四年現在、サイトへのアクセスもできなくなった。しかし、動画共有サイト上では上記のモチーフを追体験しようとする内容の投稿も、今なお見られる。インターネットは新たな言説を形成する「場」となり、A堂も実際の信仰圏からかけ離れ、「水子霊が出る心霊スポット」として知られるようになった。

おわりに

水子霊（モノ）に包括される怪異（コト）は、たえず発信者と受容者の間の相互作用で意味が変化していく。

一九七〇年代水子供養の雛形を提示する紫雲山地蔵寺の橋本徹馬は、身の回りの災いの原因を水子霊による祟りと述べ、解決策としての供養と謝罪を提示した。その背後には中絶を罪とみなすスティグマが否めないが、水子供養の依頼者にとって、隠された不安を儀礼に介してコントロールする思惑も考えられる（橋本：一九九九）。

近代以降の怪異は、消費されていくフロー型メディアが中心的な担い手になり、情報が拡散しやすい一方、失われやすくなる特徴も持っている（村上：二〇二三）。一九七〇年代から一九八〇年代中盤の水子霊の祟りをめぐる言説もそういった消費されていく特徴を持ちながら、さらに速いスピードで拡散と散逸を繰り返していた。週刊誌やテレビ番組、書籍などを通して、短時間において、拡散のルートが不明なまま、水子霊というキャラクターも日本全土に流行り出した。一九九〇年代末、インターネットといった空間の出現もまた新たな局面を開いた。掲示板や動画共有サイトはテレビやラジオの放送が持つ一回性を克服し、情報の発信と蓄積もより簡単にできるようになった（及川：二〇二三）。A堂の事例を通して、インターネット上に流布、増殖していく水子霊の祟りの言説が、実際に行われている水子供養儀礼との乖離が見受けられる。

参考文献

大江篤「序論　怪異学の視点」（東アジア恠異学会編『怪異学講義―王権・信仰・いとなみ』勉誠出版、二〇二一年）
及川翔平『心霊スポット考―現代における怪異譚の実態』（アーツアンドクラフツ、二〇二三年）
京極夏彦「モノ化するコト」（東アジア恠異学会編『怪異学の技法』臨川書店、二〇〇三年）
京極夏彦「地平の彼方と椽の下」（東アジア恠異学会編『怪異学の地平』臨川書店、二〇一八年）
清水邦彦『お地蔵さんと日本人』（法藏館、二〇二三年）
鈴木由利子『選択される命―子どもの誕生をめぐる民俗』（臨川書店、二〇二一年）
高橋梵仙『堕胎間引の研究』（第一書房、一九八〇年、初出一九三六年）
陳宣聿『「水子供養」の日台比較研究―死者救済儀礼の創造と再構築』（晃洋書房、二〇二三年）
橋本満「現代日本の不安と癒し」（高橋三郎編『水子供養―現代社会の不安と癒し』行路社、一九九九年）
村上紀夫『怪異と妖怪のメディア史―情報社会としての近世』（創元社、二〇二三年）

森栗茂一『不思議谷の子供たち』（新人物往来社、一九九五年）
ハーデカー（猪瀬優理、前川健一訳）『水子供養　商品としての儀式　近代日本のジェンダー／セクシュアリティと宗教』明石書店、二〇一七年、初出一九九七年）
ヴェルブロウスキー（鳥井由紀子訳）「水子供養―日本の最も重要な「新宗教」に関する覚書」（『國學院大学日本文化研究所紀要』七十二、一九九三年、初出一九九一年）
溝口明代「仕組まれた「水子信仰」のルーツと展開―「男制」の思想と社会の形成（下）」（『女性学』一、一九九六年）

［特別寄稿］

チョコレートを食べること

京極夏彦

皿の上に一粒のチョコレートが載っている。

チョコレートは嗜好品——菓子であるから、食べたい人は食べるだろう。チョコレートが嫌いな人は食べないのだろうが、それを好まない者でもそれがチョコレートだということは識っている。口にした者は、美味《おい》しい不味《まず》い、苦い甘いと様々な感想を持つことだろう。

普通は、それでお終《しま》いである。菓子は食べて味わうためにあるのだから何の不都合もない。

しかし味わうだけでは終われないチョコレート好きというのは、少なからず存在する。彼らはそのチョコレートの品種を識《し》っている。当然、銘柄も製造元も識っている。

それだけではない。

商品名の由来も先行銘柄のことも開発の経緯も識っている。類似競合商品のことも、どこが違いどちらが売れているのかも、自分の嗜好とは無関係に識っていたりする。パッケージ・デザインの変遷や既に廃盤となった銘柄まで熟知していたりもする。好きだからである。

一方。その一粒のチョコレートを見て、全く別なことを考える者も存在する。

この菓子は何故に大衆に受け入れられているのか。味のせいか形のせいか、それとも販売戦略が優れているのか。ブランドの力だとして、何故そのブランドは力を持つに到ったのか――そうしたことが気になってしまう類いの人は、いるのだ。

更に。この菓子は何故にチョコレートと呼ばれる／認識されるのか、チョコレートの定義とは何なのか、それは何故そうなったのか――そうしたことを考えてしまう人もいるのである。

実際、カカオマスを含有しないホワイトチョコレートのような品種もあるし、チョコレート菓子と呼ばれるものの中にはチョコレート成分が著しく低いものもある。考えてみれば興味深いことかもしれない。

興味深いというのであれば。一九世紀に固形化が成功するまでチョコレートは飲み物として受容されていたということも気になるところではあるだろう。

チョコレートが日本に持ち込まれたのは江戸時代の後半で、その段階では既に固形であったようだが、当初は溶かして飲む〝薬〟として受け入れられていた可能性がある。そうした、受容の変遷や改良の歴史も大いに興味をそそるものである。

加えて、チョコレートの成分を分析し、栄養価を求め、それを摂取することで人体にいかなる影響が出るのかを見極めようという者もいる。チョコレートは嗜好品ではあるが、食品なのだからこうした検討がなされるのは当然のことではある。

中にはカテゴリをさらに広げ、菓子全般について同じように様々なことを調べ、考える者もいることだろう。菓子とは何か、それはどのように発生し、文化にどのような影響を与え、歴史の中にどのように位置付けられるのか——それは有意義な研究である。菓子という言葉一つとっても、その成立や変遷を辿るのは簡単なことではないのである。その場合、チョコレートは、クッキーやキャラメルなどなど、定義に依っては果物なども含む菓子の一品目として扱われることになる。

そうであったとしても、いずれもチョコレートについて調べる／学ぶ／考えるという点では同じであるから、食べるだけの者から見れば大差はない。大差はないどころか同じに見えることだろう。しかし、それぞれが見据えているものも、その立ち位置も、全く違うものである。

さて――言うまでもなく、ここでいうチョコレートは「妖怪」である。

それをチョコレート全般と捉えるならば、それは民俗学などをはじめとするアカデミズムの操作概念としての「妖怪」となるだろうし、コンビニエンスストアや量販店の棚に並べられている商品群として捉えるならば、それは現在巷間に定着している、いわゆる通俗的な「妖怪」ということになるだろう。

また、菓子をチョコレートの上位概念と規定するならば、それは「妖怪」の上位概念として想定された「怪異」と見做すことができるだろうか。

もっとも現状、通俗の場に於て「怪異」は「妖怪」の言い換えとしても通用している。それを踏まえてこの見立てに従うなら、通俗に於ける「怪異」という言葉の使われ方は〝菓子は何であれチョコレートである〟ということになるわけで、それはそれでかなりおかしなことになってしまうのだが。但し、こうした言葉の歪んだ転用はまま起きることなので、やむを得ないことだろうとは考える。他にもそうした例はいくつでも挙げられるだろう。

小松和彦《こまつかずひこ》の提唱によって招集された国際日本文化研究センターの怪異怪談文化（後に妖怪文化と改称）研究会を先駆けとし、本書を編んだ東アジア恠異学会（発会当時の代表は西山克《にしやままさる》）が誕生して既に二十年。その間にもいくつもの研究団体が旗揚げしている。

監修または編著という形で商業出版をしている団体だけでも、堤邦彦《つつみくにひこ》が主導する怪談文芸研究会、一柳廣孝《いちやなぎひろたか》主催の怪異怪談研究会、伊藤慎吾《いとうしんご》を中心とした異類の会などがある。各大学の研究会や在野の団体をも視野に入れるなら枚挙に暇はない。

それぞれの団体はみな立ち位置が違う。

アプローチも目指すところも違っている。

のみならず、俯瞰して見るにそれらのほぼすべてが「菓子」というカテゴリを扱っていることがわかる。「菓子」とは何か、「菓子」は何故旨《うま》いのか。「菓子」はどのように作られているのか――それぞれ構えは大きい。個々の商品名は、そこではあたかも公共放送で扱われるような扱いとなる。在野のメンバーを多く抱える異類の会は、〝異類〟という切り口であることからもわかるように、個別の品目を研究対象とする団体ではあるが、当然チョコレート＝「妖怪」のみを取り扱うものではない。

但し、異類の会の参加者達を核として編まれた『列伝体妖怪学前史《れつでんたいようかいがくぜんし》』『広益体妖怪普及史《こうえきたいようかいふきゅうし》』（共に勉誠出版《べんせいしゅっぱん》）の二冊は、タイトルからもわかる通りチョコレートに特化した良書である。しかしそこで扱われているのはメーカーや販売戦略であり、棚に並んでいる銘柄に言及している部分は少ない。

店頭に並んでいる（並んでいた）チョコレートを扱った書籍としては『日本妖怪怪異辞典《にほんようかいかいいじてん》』（全八巻・笠間書院）という労作がある。個々の銘柄を地域別・網羅的にカタログ化しようという試みで編まれたものであるが、執筆陣は各地域ごとの在野研究家・情報蒐集家であり、編纂の方針も各巻ごと独自のものである。研究団体に関わりを持つ執筆者も参加しているが、あくまで個人研究の成果であり、必ずしも団体としての指針に沿うものではない（ちなみに水木《みずき》しげるを始めとする発信者——本稿の執筆をしている筆者も含む——は菓子メーカーであり、研究者ではない）。

そう、これだけ世の中にチョコレート＝「妖怪」が氾濫しているにも拘わらず、そして複数の団体が長い時間をかけて研究しているにも拘わらず、チョコレートの銘柄＝通俗的「妖怪」に直接的に向き合う研究やその成果は見当たらないのである。あるのは「妖怪」〝文化〟研究であり、「妖怪」〝学〟なのだ。

東アジア恠異学会は発会当時から「菓子とは何か」を問題にし続けている団体である。本書はその東アジア恠異学会が「チョコレートの品種（銘柄には到らない）」に就いて記した、ある意味で画期的な試みなのである。菓子メーカーとしては、各会のより一層の研究の深化を願うものである。

参考・引用資料

1—2　神

永江正直編『絵入日本歴史』幼年全書　第一編（博文館、一八九三年、国立国会図書館デジタルコレクション、URL：https://dl.ndl.go.jp/pid/1919307）❷

古谷知新編『日本歴史図絵』第一輯（国民図書、一九二〇・二一年、国立国会図書館デジタルコレクション、URL：https://dl.ndl.go.jp/pid/965866/1/1）❶

2—2　白沢

『安政箇労痢流行記』（国立公文書館デジタルアーカイブ、URL：https://www.digital.archives.go.jp/img/2552261）❸

『今昔百鬼拾遺』（国立国会図書館デジタルコレクション、URL：https://dl.ndl.go.jp/pid/2551541/1/1）❶

「白沢図」（The Trustees of the British Museum、URL：https://www.britishmuseum.org/collection/object/A_1919-0101-0-157）❷

『明会典』（国立公文書館所蔵、筆者撮影・調整）❹

2—3　天狗

麻原美子校注『新日本古典文学大系　舞の本』（岩波書店、一九九四年）

梅津次郎編『新修日本絵巻物全集　天狗草紙・是害房絵』（角川書店、一九七八年）❷

岡見正雄、赤松俊秀校注『日本古典文学大系　愚管抄』（岩波書店、一九六七年）

厚誉著、高田衛、阿部真司校注『本朝怪談故事—校注索引』（伝統と現代社、一九七八年）

小峯和明校注『新日本古典大系　今昔物語集四』（岩波書店、一九九四年）

笹野堅編『幸若舞曲集』（第一書房、一九四三年）

『五山文学新集　第一巻』（東京大学出版会、一九六七年）
『牛若鞍馬兵術励』（日文研デジタルアーカイブ、URL：https://da.nichibun.ac.jp/item/005357512）❹
『山岳宗教史研究叢書　修験道史料集一東日本篇』（名著出版、二〇〇〇年）

2―4　鳴釜

『怪異弁断』（早稲田大学図書館、URL：https://www.wul.waseda.ac.jp/kotenseki/html/wo01/wo01_03382/index.html）❷
『百器徒然袋』（国立国会図書館デジタルコレクション、URL：https://dl.ndl.go.jp/pid/2551544/1/1）❶

2―5　河童

『安倍氏水虎説』（国立国会図書館デジタルコレクション、URL：https://dl.ndl.go.jp/pid/2539737/1/1）
『井関隆子日記』上巻（昭和女子大学図書館デジタルアーカイブ、URL：https://www.ro-da.jp/swu/contents/2342）❻
『下学集』（中田祝夫ほか編『古本下学集七種　研究並びに総合索引』風間書房、一九七一年）
『画図百鬼夜行』（The Smithsonian Libraries and Archives、DOI：https://doi.org/10.5479/sil.892809.39088017933912）❹
『下問雑載』（福岡県立図書館デジタルライブラリ、URL：https://adeac.jp/fukuoka-pref-lib/catalog/mp030790-100030）
『唐土訓蒙図彙』（『訓蒙図彙集成』十七、大空社、一九九八年）❶
『閑窓自語』（『日本随筆大成』第二期八巻、吉川弘文館、一九九四年）
『九州治乱記』（『肥前叢書』第二輯、青潮社、一九七三年）
『新刊多識編』（国立公文書館デジタルアーカイブ、URL：https://www.digital.archives.go.jp/img/3671323）
『水虎考略』（国立公文書館デジタルアーカイブ、URL：https://www.digital.archives.go.jp/img/4361885）❺
「水虎之由来」（『大日本古文書　蜷川家文書巻之六』東京大学出版会、一九九六年）
『節用集』（中田祝夫編『印度本節用集古本四種　研究並びに総合索引』勉誠社、一九八〇年、同編『古本節用集六種　研究並びに総合索引』勉誠社、一九七九年）
『長崎名勝図絵』（『長崎名勝圖繪』長崎史談会、一九三一年）

『日葡辞書』（土井忠生ほか編訳『邦訳　日葡辞書』岩波書店、一九八〇年）
『日本山海名物図会』（国立国会図書館デジタルコレクション、URL：https://dl.ndl.go.jp/pid/2555438/1/1）❸
『梅村載筆』（『日本随筆大成』第一期一巻、吉川弘文館、一九九四年）
『物類称呼』（岩波書店、一九四一年）
『本草綱目啓蒙』（杉本つとむ編『本草綱目啓蒙　本文・研究・索引』早稲田大学出版部、一九七四年）❷
『本朝食鑑』（『食物本草本大成』第十巻、臨川書店、一九八〇年）
「見立三拾六獣相撲合之図」（山中由里子編『驚異と怪異』河出書房新社、二〇一九年）
『大和本草』（国立国会図書館デジタルコレクション、URL：https://dl.ndl.go.jp/pid/2557477/1/1）
『和漢三才図会』（東京美術、一九七〇年）

2—6　一目連

『絵入三河雀』（久曽神昇ほか編『近世三河地方文献集』国書刊行会、一九八〇年）
『笈埃随筆』（『日本随筆大成』第二期十二巻、吉川弘文館、一九七四年）
『勢桑見聞略志』（国立国会図書館蔵『鶯宿雑記』九十九巻）
『本朝故事因縁集』（『京都大学蔵大惣稀書集成』第八巻、臨川書店、一九九五年）
『和漢三才図会』（東京美術、一九七〇年）

2—7　九尾狐

『絵本三国妖婦伝』（国文学研究資料館、DOI：https://doi.org/10.20730/200016974〈国書データベース〉）❷
『たま藻のまへ』（京都大学貴重資料デジタルアーカイブ、URL：https://rmda.kulib.kyoto-u.ac.jp/item/rb00013524）❶

2—8　オサカベ

『甲子夜話』（『甲子夜話二』、東洋文庫三一四）

『観自在菩薩音冥応集』（神戸説話研究会編『宝永版本観音冥応集—本文と説話目録』和泉書院、二〇〇六年）
『今昔画図続百鬼』（Smithsonian Libraries and Archives、DOI：https://doi.org/10.5479/sil.892811.39088017934100）❷
『西鶴諸国はなし』（西鶴研究会編『西鶴諸国はなし』三弥井書店、二〇〇九年）
『諸国百物語』（責任編集高田衛・原道生・校訂者太刀川清『叢書江戸文庫　百物語怪談集成』二、国書刊行会、一九八七年）
『諸国妖怪図巻』（日文研デジタルアーカイブ、URL：https://da.nichibun.ac.jp/item/005698493）❸
『村翁夜話集』（『村翁夜話集』刊行会『村翁夜話集—播磨の地誌福本勇次著』二〇一五年）
「南瞻部州大日本國播磨國多可郡安田荘吉重山圓満寺中興明覺上人碑銘并序」（圓満寺蔵）
『天怪着到牒』（アダム・カバット校注・編『江戸化物草紙』小学館、一九九九年）
『天怪着到牒』（国立国会図書館デジタルコレクション、URL：https://dl.ndl.go.jp/pid/8929732）❶
『播州名所巡覧図会』（『播州名所巡覧図会』臨川書店、一九九五年）

2—9　件

山口県文書館『文書館動物記』二十二「「密局日乗」の中のふしぎな動物たち」（URL：https://archives.pref.yamaguchi.lg.jp/user_data/upload/File/doubutsu22.pdf）
『諸宗仏像図彙』五巻（国立国会図書館デジタルコレクション、URL：https://dl.ndl.go.jp/pid/818702/1/1）❶
『万物絵本大全図』（The Trustees of the British Museum、URL：https://www.britishmuseum.org/collection/object/A_2020-3015-71）❷
『簠簋抄』五巻（国立国会図書館デジタルコレクション、URL：https://dl.ndl.go.jp/pid/2544461/1/1）

2—10　水子霊

都築響一「うさみ観音寺　山の斜面を埋め尽くす3万体の水子観音像！　伊豆に渦巻く怨念に君は耐えられるか」（『ＳＰＡ！』一九九三年五月十二日刊行）
著者不明「一八年間に妊娠中絶三五回！三五人の水子が右手の箸に乗っている」（『週刊女性』一九七六年八月三十一日刊行）❷
著者不明「不運が続出」（『微笑』一九八〇年九月二十七日刊行）

執筆者紹介（掲載順）

大江　篤　おおえ・あつし
園田学園女子大学学長・教授（日本古代史・日本民俗学）。著書に『日本古代の神と霊』（臨川書店、二〇〇七年）、『皇位継承の歴史と儀礼』（編著、臨川書店、二〇二〇年）など。

久禮旦雄　くれ・あさお
京都産業大学准教授（日本法制文化史）。著書に『元号―年号から読み解く日本史』（共著、文春新書、二〇一八年）、『元号読本―「大化」から「令和」まで全２４８年号の読み物事典』（共著、創元社、二〇一九年）など。

化野　燐　あだしの・りん
お化け好き、小説家。主な作品・論文に『人工憑霊蠱猫』シリーズ（講談社）、『考古探偵一法師全』シリーズ（ＫＡＤＯＫＡＷＡ）、「妖怪百家争鳴　妖怪の分類・試論」（『怪』vol.12～22、二〇〇一～二〇〇六年、角川書店）、「「妖怪名彙」ができるまで」（東アジア恠異学会編『怪異を媒介するもの』アジア遊学一八七、二〇一五年、勉誠出版）など。

榎村寛之　えむら・ひろゆき
斎宮歴史博物館学芸員（王権・祭祀・怪異に関する事いろいろ）。著書に『女たちの平安後期―紫式部から源平までの２００年』（中公新書、二〇二四年）、『律令天皇制祭祀と古代王権』（塙書房、二〇二〇年）など。

佐々木聡　ささき・さとし
金沢学院大学准教授（中国社会史、宗教文化史、書誌学）。論文に「中国歴代王朝における天文五行占書の編纂と禁書政策」（水口拓寿編『術数学研究の課題と方法』汲古書院、二〇二二年）、「通俗信仰と怪異―前近代中国の基層社会における災異受容史」（東アジア恠異学会編『怪異学講義』勉誠出版、二〇二一年）など。

久留島元　くるしま・はじめ
同志社大学嘱託講師（日本中世文学、説話。天狗説話と修験の関係）。著書・論文に『天狗説話考』（白澤社、二〇二三年）、「狐火伝承と俳諧」（『朱』六十二、二〇一九年）など。

木場貴俊　きば・たかとし
京都先端科学大学准教授（日本近世文化史）。著書・論文に『怪異をつくる―日本近世怪異文化史』（文学通信、二〇二〇年）、「近世怪異の展開と近代化」（『史潮』九十四、二〇二三年）など。

村上紀夫　むらかみ・のりお
奈良大学教授（日本文化史）。著書に『怪異と妖怪のメディア史―情報社会としての近世』（創元社、二〇二三年）、『近世京都寺社の文化史』（法藏館、二〇一九年）など。

佐野誠子　さの・せいこ
名古屋大学教授（中国仏教志怪）。著書に『怪を志す―六朝志怪の誕生と展開』（名古屋大学出版会、二〇二〇年）など。

南郷晃子　なんごう・こうこ
桃山学院大学准教授（近世の説話、伝承。特に怪異譚およびキリシタン説話）。著書・論文に『なぜ少年は聖剣を手にし、死神は歌い踊るのか―ポップカルチャーと神話を読み解く17の方法』（共編著、文学通信、二〇二四年）、「『老媼茶話』の魔術」（斎藤英喜編著『文学と魔術の饗宴・日本編』小鳥遊書房、二〇二四年）など。

笹方政紀　ささかた・まさき
東アジア恠異学会会員（見世物、化物屋敷等で使用される怪異・妖怪）。著書・論文に『予言獣大図鑑』（文学通信、二〇二三年）、「戦時に件（クダン）を語る訳―戦時流言に関する一考察」（『世間話研究』二十七、二〇一九年）など。

陳　宣聿　ちん・せんいつ
東京理科大学嘱託助教（宗教学）。著書に『「水子供養」の日台比較研究―死者救済儀礼の創造と再構築』（晃洋書房、二〇二三年）など。

京極夏彦　きょうごく・なつひこ
小説家、意匠家。一般社団法人日本推理作家協会監事。主な著書に『百鬼夜行』シリーズ（講談社）、『巷説百物語』シリーズ（KADOKAWA）、『書楼弔堂』シリーズ（集英社）など。

東アジア恠異学会　ひがしあじあかいいがっかい

2001年(平成13)創設。「恠異」をキーワードとして、各分野からの研究者が集い、学際的な研究を続けている学術団体。代表は大江篤（園田学園女子大学教授）。学会編著書として、『怪異学講義：王権・信仰・いとなみ』（勉誠出版、2021年）、『怪異学の地平』（臨川書店、2019年）、『怪異を媒介するもの』（アジア遊学187、勉誠出版、2015年）、『怪異学入門』（岩田書院、2012年）、『怪異学の可能性』（角川書店、2009年）など。お問い合わせは公式HP（http://kaiigakkai.jp/）まで。

怪異から妖怪へ

2024（令和6）年12月31日　第1版第1刷発行

ISBN978-4-86766-072-0　C0021

発行所　株式会社 **文学通信**

〒113-0022　東京都文京区千駄木2-31-3
サンウッド文京千駄木フラッツ1階101
電話 03-5939-9027　Fax 03-5939-9094
メール info@bungaku-report.com
ウェブ http://bungaku-report.com

発行人　岡田圭介

印刷・製本　モリモト印刷

ご意見・ご感想はこちらからも送れます。上記のQRコードを読み取ってください。

※乱丁・落丁本はお取り替えいたしますので、ご一報ください。
書影は自由にお使いください。